_______________ 님께 드립니다.

자퇴선언

자퇴 선언

자신이 좋아하는 일에 죽을 만큼 매달린 사람들의 이야기

·박은몽 지음·

살림Friends

아무도 내 꿈을 대신 이뤄 주지 않는다

초등학교부터 탁월한 성적으로 일류로만 달려온 한 학생이 미국 명문사립대학교로 유학을 갔다. 학생은 100퍼센트 영어로 진행되는 수업을 따라잡기 위해 이제까지 해 왔던 것보다 더 열심히 공부하며 수업을 준비했다. 하루는 교재를 전부 외우다시피 완벽하게 준비를 마치고 자신 있게 수업에 들어갔다.

질문과 대답이 이어지던 중, 교수가 초롱초롱한 눈빛으로 강단을 바라보던 한국의 우등생을 지목했다.

"이번엔 자네가 말해 보게."

학생은 기다렸다는 듯이 밤새 공부했던 내용들을 영어로 발표했다.

완벽했다. 한 자도 틀리지 않았고 그 많은 내용들을 기억하고 있다는 것이 스스로도 경이로울 정도였다. 그것도 영어로 말이다. 그런데 발표가 끝나자 교수는 의아하다는 듯 물었다.

"자네가 말한 것은 책에 그대로 나와 있지 않은가. 자네 생각을 말해 보게."

"……?"

학생은 아무 대답도 할 수 없었다. 갑자기 자신이 기울인 온갖 노력이 허무하게 느껴졌다. 도대체 무엇을 위해 공부를 한 걸까? 지금까지 열심히 했는데 그 '열심' 속에 자기 생각은 없었다. 게다가 자신만의 목표도 없었다. 부모님이 요구하는 대로 일류만을 목표로 달려왔을 뿐이다.

언제부터인가 청소년들은 맹목적으로 열심히 공부해야 한다는 '강제된 신념'에 사로잡혀 있다. 치열한 경쟁 사회에서 살아남기 위해 어려서부터 공부해야 하고, 취업에 필요한 스펙을 쌓기 위해 더 열심히 공부해야 한다고 어른들은 끊임없이 강조한다. 학교에서도 학원에서도 꿈꾸는 법은 가르쳐 주지 않는다. "열심히 해라, 그래야 잘 먹고 잘 살 수 있다."는 판에 박힌 말만을 되풀이하고 있을 뿐이다. 그래서 청소년들은 생각하고 고민할 시간도 없이 경쟁의 한복판으로 내몰려 꿈조차 잃어버릴 위험에 처해 있다. 그러나 결국 그 위기에서 나를 건져내 줄 사람은 다름 아닌 '나 자신'이다.

도대체 나의 생각, 나의 목표, 나의 꿈은 어디에 있을까?

큰일을 이룬 사람들은 세상이 강요하는 목표를 착실히 따랐던 사람들이 아니다. 오히려 '길 밖에서 길을 찾은 사람들'이었다. 이 책은 그런 사람들의 이야기를 담았다. 그들은 학교나 사회가 요구하는, 판에 박힌 성공법칙을 부정하고 자신만의 꿈, 자신만의 새로운 길을 선택했다. 그리고 도전과 모험을 감행하고, 때로 실패에 몸부림치더라도 다시 일어났으며, 학벌이나 배경 따위에 의존하는 대신 자신의 열정과 노력을 쏟아부은 끝에 마침내 꿈을 이루었다.

자기 생각은 없고 시키는 대로 목적 없이 따라가기만 한다면 아무것도 이룰 수 없다. 내가 왜 이 일을 하고 싶어하는지, 왜 이 일을 할 수밖에 없는지 확고한 이유를 알아야 나의 노력이 성과를 거둘 수 있다. 자신만의 꿈을 발견하는 것이 바로 성공의 유일한 해답이다.

내 가슴속에 무언가 꿈틀대는 것이 있다면 그것을 꺼내어 눈앞에 펼쳐라. 나의 꿈을, 내 인생의 지도를 발견할 수 있을 것이다. 꿈꿔라, 그리고 그 꿈을 믿고 올인해라. 이 책에 등장하는 인물들이 주는 많은 교훈들이 꿈을 이뤄 가는 여정의 지침이 될 수 있을 것이다.

내 꿈의 주인으로 살아라. 아무도 내 꿈을 대신 이뤄 주지 않는다.

2010년 여름

박은몽

CONTENTS

Chapter 1
긍정의 올인
오직 나 자신을 향해 달려라

달리는 말에겐
오직 질주본능만 있을 뿐이다

"만약 월드컵 무대를 밟을 수 있다면 어릴 적부터 꿈꿔 온 목표를 이루는 셈이다.
생각만 해도 떨리고 기대된다. 성적이 좋으면 개인적으로 따라올 영광도 많다.
16강은 물론, 8강까지도 오르고 싶다."
— 이청용(월드컵 축구 국가대표)

날아라, 인생의 골대를 향해

"더도 말고 덜도 말고 이청용만 같아라."

이청용 선수가 몸담고 있는 볼턴 구단의 감독이었던 개리 멕슨이 한 말이다. 그만큼 이청용의 기량에 대해 신뢰가 높다는 뜻이다.

이청용은 2009년 잉글랜드 프리미어리그의 볼턴으로 이적했다. 그리고 그동안 닦은 기량을 남아공월드컵을 앞둔 에콰도르와의 평가전에서부터 발휘했다. 후반전에 교체 투입된 그는 들어가자마자 경기의 흐름을 바꿔 놓았고, 그라운드를 종횡무진하며 팀 전체에 활기를 불어넣었다. 거침없는 젊음에

침착함과 집요함까지 더한 그의 플레이에 결국 팀의 2번째 쐐기골이 터졌고, 6만 2,000명 관중들은 흥분했다. 추가골이 이청용의 발끝에서 나오자 허정무 감독도 그의 개인기에 칭찬을 아끼지 않았다.

이청용은 스스로 자신의 변화를 주목하고 관찰하고 있다. 그는 언제나 배운다는 자세로 겸손하게 임하지만 "그래도 승부는 승부!"라는 투지 역시 놓치지 않는다.

한 인터뷰에서 기자가 이렇게 물었다.

"프리미어리그 한 시즌을 치르고 고국으로 돌아왔는데 어떤 점이 달라졌습니까?"

"개인적으로 자신감이 생겼고 이전보다 여유를 가지고 경기를 뛸 수 있게 된 것 같습니다. 또 볼턴이 선이 굵은 축구를 하기 때문에 몸싸움이나 헤딩 기술이 많이 늘었어요."

웃을 때 보이는 귀여운 덧니 때문에 '덧니 왕자'라는 애칭이 있는 그는 이제 겨우 스물을 갓 넘긴 풋풋한 청년이다. 또래들은 갓 대학교에 입학하여 아직 자신의 진로를 결정하지 못하고 있을 때다. 그런데 그는 세계무대에서 맘껏 뛰고 있다.

달리는 말은 옆을 보지 않는다

그의 꿈은 중학교 시절에 일찌감치 시작되었다. 2004년, 도봉중학교를 자퇴하고 축구의 길로 본격적으로 뛰어들었으니까 말이다. 이청용은 초등학교 시절부터 축구와 인연을 맺었다. 그러다가 2004년, FC서울 사령탑이었던 조광래 감독의 눈에 들어 일찍 프로에 입문하게 되었다. 그의 아버지는 당시 결정에 대해 이렇게 말했다.

"그때 구단의 제안을 받고 당황했었죠. 하지만 담당 선생님의 조언도 있고, 또 아무나 프로에서 불러 주는 것도 아니라고 생각했어요. 어린 나이지만 프로에서 체계적으로 축구를 배우는 것이 옳은 결정이라 생각했습니다."

그때부터 지금까지 그는 계속 달리고 있다. 한순간의 쉼도, 여유도 허락하지 않았다. 2년간 FC서울에서 기량을 쌓았고, 2009년에는 영국 프리미어리그 볼턴에서 뛰었다. 2010년 남아공월드컵에서는 베스트11으로 출전하여 두 골을 기록했다. 그는 정말 쉼 없이 달려왔다. 그리고 자신이 정한 골대를 향해 매일 두 다리에 꿈을 실어 슛을 날리고 있다.

중학교를 그만둘 당시 그의 기량은 중학교 수준을 넘을 정

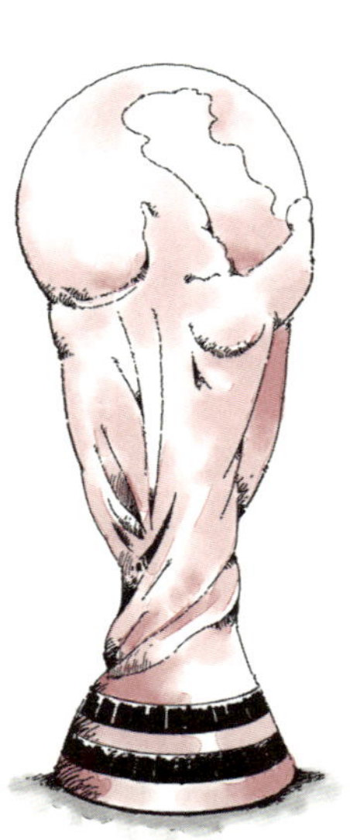

도로 우수했다. 그러나 그의 성공은 이런 우수한 자질 때문만은 아니다. 그는 한눈팔지 않고 축구에 '올인'했다. 그의 성공을 이끈 것은 무엇보다 축구에 대한 그의 열정이다.

"만약 월드컵 무대를 밟을 수 있다면 어릴 적부터 꿈꿔 온 목표를 이루는 셈입니다. 생각만 해도 떨리고 기대돼요."

월드컵 출전을 꿈꾸던 이청용은 1차적으로 자신의 꿈을 이뤘으며 발군의 실력으로 16강 진출을 견인했다. 물론 이번 월드컵은 큰 꿈으로 가는 과정 중에 있는 것이기에 그는 앞으로도 계속 달릴 것이다. 눈앞의 작은 꿈을 이루면 그 다음 단계의 더 큰 꿈을 향해 달리고, 그것을 넘으면 또 다음을 향해 달리는 것이다. 마치 경주마처럼 말이다.

말이 경주에 나갈 때 눈가리개를 하는 이유는 옆을 보지 못하도록 하기 위해서다. 오직 앞만 보고 달려서 최대속도를 내도록 하기 위함이다. 말은 원래 질주본능이 강한 동물인데도 그 본능에 더욱 박차를 가해 달리게 만드는 것이 경마다. 마음에 둔 목표지점이 있다면 스스로 눈가를 가려서 옆을 보지 못하도록 하자. 눈이 옆으로 향하면 마음도 따라간다. 마음에서 목표가 멀어지면 올인을 할 수가 없다.

내 꿈의 해피엔딩을 믿어라

　꿈을 위해 모든 것을 걸고 도전하는 것이 누군가에게는 무모하고 위험해 보일지도 모른다. 그러나 정말 하고 싶은 일이라면 자기 인생에 후회는 남기지 말아야 한다. 해보고 후회한다면 가슴에 미련은 남지 않을 테니까. 해보지도 않고 후회한다면 평생 뒤를 돌아보고 또 돌아보면서 항상 아쉬운 인생을 살아가야 할 것이다. 머뭇거리지 말고 도전하라. 일단 한번 저질러 보는 것도 좋다. 왜? 젊기 때문이다.

　안 될지도 모른다고 생각하지 마라. '호랑이도 보기 전에 똥부터 싼다'는 속담이 있다. 어쩌면 호랑이가 없을 수도 있다. 두려운 마음에 저 숲에서 들리는 바람소리를 호랑이가 포효하는 소리로 착각했을 수도 있다. 후들거리는 다리에 힘을 주어라. '이 길의 끝에 낭떠러지는 없을까?' 하는 걱정도 접어두어라. 낭떠러지가 나온다고 죽는 것은 아니다. 또 낭떠러지 같은 건 없을지도 모른다. 두려워하는 내 마음이 낭떠러지를 상상하고 있을 뿐이다. 미리 준비된 낭떠러지 같은 건 없다.

　지나치게 신중하면 추진력이 떨어진다. 약간은 덜 신중할 필요도 있다. 경우의 수를 지나치게 생각하다 보면 부정적인

생각과 염려가 생기게 마련이다. 평생 생각만 하다가 아무것도 시도해 보지 못하는 수도 있다. 어느 정도 신중하게 이것저것 고려한 후에 판단했다면 그 다음에는 적정 시점을 잡아 앞뒤 안 가리고 행동에 옮겨야 한다. 너무 많은 생각을 하느라 지쳐서 나가떨어지지 말고 행동으로 올인해야 한다. 경주마가 출발점을 떠나 달려야 할 때 이것저것 생각하고 고민하고 있다면 말 탄 기수는 얼마나 속이 터지겠는가.

자기 자신을 향해 올인하다 보면 울퉁불퉁하던 비탈길도 점점 포장도로로 바뀐다. 빈둥거리면서 시간을 낭비하면 오히려 탄탄하던 길이 점점 사라지고 심지어는 낭떠러지까지도 만나게 될지 모른다.

미래는 정해져 있지 않다. 정해져 있는 미래란 없다. 내가 열심히 뛰면 하늘도 해피엔딩의 시나리오로 화답할 것이고, 내가 게으름을 부리면 하늘은 주려던 복도 거둘 것이다.

이른 나이에 용기 있는 도전으로 자신의 길을 가고 있는 이청용은 우리에게 이런 메시지를 들려준다.

"내 꿈의 해피엔딩을 믿어라. 두려워 말고 자신의 꿈에 올인해라. 자기 자신을 향해 달려라!"

정말 간절하다면
죽을 만큼 매달려라

"난 언젠가 직업으로서 노래를 하고 싶었다. 하지만 항상 자신감이 문제였다.
교통사고, 수술, 빚 등으로 힘들었지만 노래를 포기하지 않은 이유는
언젠가 나에게도 절호의 기회가 올지도 모른다고 생각했기 때문이다.
그 희망이 지금까지 나를 지탱해 준 힘이 됐다."
– 폴 포츠(오페라 가수)

더 이상 꿈꾸기가 두려워

픽!

순간 앞이 보이지 않았다. 정신이 혼미했다. 아픈 건지 멀쩡한 건지 분간이 가지 않았다. 온몸을 꼼짝할 수가 없었다. 엉덩이와 허리에 감각이 없었다. 일어나 보려고 했지만 몸은 말을 듣지 않았고 뜨끈뜨끈한 것이 입 안으로 들어왔다. 피였다. 손을 입으로 가져갔다. 이가 부러지고 흔들렸다.

'뭐가 잘못된 거지? 혹시 노래를 다시는 못하게 되는 건 아닌가?'

비록 노래를 배우기 위해 학원을 다닌 것도 아니고 음악을 전문으로 하는 학교에 진학할 형편도 되지 못하는 소년이었지만, 온몸이 으스러지는 듯한 통증보다도 노래를 다시는 못하게 될지도 모른다는 것이 더 두려웠다.

폴 포츠는 어려서부터 가난한 동네에서도 가장 가난한 집에서 살았고, 부모님이 입던 교복을 물려 입고 학교를 다녔다. 뚱뚱하고 못생긴 외모 때문에 사람들 앞에 서는 것조차 우스꽝스러워 보여서 프랑켄슈타인이라고 놀림도 받았다. 그러나 아무런 희망이 보이지 않아도 노래에 대한 꿈을 꾸는 것을 멈출 수는 없었다. 바다를 바라보며 갈매기에게 노래를 불러주기도 하고, 혼자서 길을 걸으며 중얼거리듯 노래 연습을 하곤 했다. 음악학교 진학은 꿈도 못 꿨지만 유명한 가수들의 실력을 배우기 위해 음반을 듣고 또 들으며 혼자서 독학을 하기도 했다. 노래를 못하게 된다면 차라리 죽는 게 더 낫다 싶었다.

그것이 폴 포츠가 당한 첫 번째 사고였다. 언제나처럼 노래를 부르면서 걷다가 건축자재에 부딪쳐 사고를 당한 것이다. 그러나 앞니가 부러지고 치골이 흔들리는 부상을 입었지만 치료비가 없어 그냥 집으로 돌아와야 했다.

그로부터 4년 후.

또다시 사고를 당했다. 이번에는 교통사고였고 치골이 아니라 척추를 다쳤다. 그러나 여전히 치료할 돈이 없었다. 입에 풀칠하기 바쁜 형편에 엄청난 돈을 들여 제대로 치료를 계속할 수가 없었다.

"집으로 가요."

그는 힘없이 부모님께 말했다. 의사는 그와 그의 가족들에게 외쳤다.

"이번에는 치골이 아니라 척추라고요. 제대로 치료하지 않으면 장애가 생길 수도 있습니다. 알겠어요?"

그러나 그는 결국 퇴원했다. 그는 나날이 괴물같이 되어 가는 자신을 원망했다. 4년 전 다친 치골이 잘못 자라서 걸음걸이는 구부정했고 척추를 다치는 바람에 제대로 서 있기조차 힘들었다. 몇 달 동안 집에만 틀어박혀 있던 그는 다시 학교로 돌아갔지만 친구들은 모두 졸업을 한 후였다. 그는 후배들과 같이 학교를 다녀야 했다.

'두 번 다시 가수를 꿈꾸지 않을 거야. 꿈꾸는 게 두려워. 희망을 품었다가 조금씩 커져 갈 때쯤이면 어김없이 나를 찾아오는 불행 때문에 이젠 꿈꾸기가 두려워. 왜 이렇게 불행은 한꺼번에 몰려오는 걸까?'

그는 모든 희망을 잃어버릴 것만 같았다. 더 이상 희망고문 따위는 당하기 싫었다. 희망을 가질 수도, 버릴 수도 없는 상황이 너무나 슬펐다. 차라리 꿈을 버리고, 그냥 되는 대로 살아 버리고 싶었다.

질투조차 할 수 없는 눈물겨운 인생역전

그는 두 번의 사고를 당한 후에 자포자기하고 있다가 영국 ITV의 〈마이 카인드 오브 뮤직〉이란 프로그램의 노래경연대회에 나가 상금을 타는 작은 행운을 만나기도 했다. 상금으로 정식 음악공부를 하기 위해 이탈리아 오페라스쿨로 떠날 때는 일이 풀리려나 싶었다. 게다가 오페라스쿨에 초청된 세계적인 거장 파바로티로부터 주목을 받자 더더욱 희망이 커졌다. 그러나 몇 달 만에 학비가 떨어져 결국 오페라스쿨을 끝까지 마치지 못하고 고향인 영국에 돌아와서 소일거리를 하면서 생계를 유지했다.

그런 그에게 이번에는 뇌종양이 찾아왔다.

'하느님, 이번에는 뇌종양인가요? 도대체 이 불행들은 언제

끝나는 건가요?'

뇌종양 수술을 겨우 마치자 또 교통사고를 당해 쇄골이 부러져서 2년 동안 일을 할 수가 없게 되었다. 사고 때 성대까지 상처를 입어서 노래를 다시 부를 수 없을지도 모른다는 진단도 받았다. 일을 하지 못하는 데다 치료비 때문에 빚만 늘어갔다. 겨우 몸을 추스른 그는 할인점에서 일하다가 휴대전화 판매원 일을 하게 되었다.

그러던 어느 날 ITV의 〈브리튼스 갓 탤런트〉라는 스타 발굴 쇼 프로그램이 생겼다는 걸 알게 되었다. 우승자에게는 10만 파운드의 상금도 있었다. 그는 직감적으로 마지막 기회라는 걸 느꼈다. 가수가 될 수 있는 길이기도 했고 그동안 쌓인 빚을 일시에 해결할 수 있는 길이기도 했다.

드디어 대회 날.

"폴 포츠, 당신 차례입니다."

부러진 앞니에 배는 불룩하게 튀어나왔고, 싸구려 양복을 입은 한 남자가 무대에 올랐다. 심사위원들은 그의 모습을 힐끗 쳐다보고는 심드렁한 표정으로 고개를 돌렸다. 폴 포츠의 별 볼 일 없는 외모만을 보고 그의 노래를 듣기도 전에 대수

롭지 않게 여긴 것이다.

"무슨 곡을 부를 건가요?"

"오페라를 부를 겁니다. 푸치니의 오페라 〈투란도트〉 중 '공주는 잠 못 이루고'란 곡입니다."

심사위원들은 더 기가 막힌다는 듯한 표정이었다. 팝을 다루는 쇼 프로그램에 나와서 오페라를 부르겠다니……. 독한 멘트로 유명한 심사위원 사이먼이 가소롭다는 듯 말했다.

"어디 한번 해보시죠."

폴 포츠는 잠시 숨을 고르며 짧게 기도했다. 마지막이라는 걸 알았다. 죽도록 가수가 되고 싶었지만 죽도록 되는 일이 없던 세월들. 가수는커녕 연이은 사고와 질병으로 빚더미에 올라 먹고사는 길도 꽉 막힌 자기 인생을 생각했다. 그러나 단 한 가지, 노래에 대한 마음만큼은 예전에도 지금도 진실이었다. 여기서 모든 게 끝난다 해도 노래를 가슴에서 지울 수는 없었다.

이윽고 그는 입술을 떼었다. 딴전을 피우듯 심드렁하던 심사위원들에게도, 바삐 움직이던 촬영 및 무대 스태프들에게도 그의 노래가 들리기 시작했다. 슬픔과 그리움과 애절함이 담긴 목소리, 인생의 저 밑바닥까지 아파 보지 않고서는 낼 수

없는 그런 애절한 목소리. 사람들은 갑자기 고개를 번쩍 들고 초라한 무명가수를 바라보았다. 스태프들도 순간 손을 멈추고 멍하니 폴 포츠를 쳐다보았다. 그의 인생에 무슨 일인가 일어나고 있었다. 그의 목소리는 사람의 가슴을 파고드는 감동 그 자체였다. 노래가 끝나자 모두 일어서서 환호하며 박수를 치기 시작했다.

"브라보!"

"폴 포츠! 당신이 최고요!"

폴 포츠는 그동안의 아픈 인생을 모두 갚으려는 듯 혼신의 힘을 다해 온 영혼으로 노래했고, 드디어 우승자가 되었다. 결승 심사가 끝나고 사이먼은 이렇게 말했다.

"당신이 휴대전화 판매점에서 일한다고요? 그런데 이런 노래를 부르다니……. 난 당신이 이렇게 부를 수 있으리라고는 상상도 못했어요. 눈을 확 뜨게 만드는 신선한 공기 같네요. 당신은 정말 기막히게 멋졌습니다!"

목표에 도달하는 과정 중에는
모든 것이 실패로 보인다

누구에게나 일이 안 풀리는 때가 있다. 안 풀리는 정도가 아니라 누군가 내 인생을 방해하기 위해 여기저기 폭탄을 숨겨 놓은 것 같은 느낌이 들 정도로 계속 '꽝'만 나올 때가 있다. 폴 포츠의 학창 시절 역시 그러했다. 불우한 정도가 아니라 비참했다. 가슴속으로는 가수가 되고 싶어 미칠 것 같은데 현실은 언제나 막혀 있었다. 그러나 그는 끝까지 꿈을 포기하지 않았다. 포기하고 싶어도 그리 되지 않았다. 너무 간절한 소망이었기에 노래를 멈출 수가 없었다. 끝까지 매달릴 수밖에 없었다. 그런 그에게 신은 마지막 행운을 선사했다.

운이 좋아서 금덩어리를 우연히 줍게 된 것이 아니라, 오랜 기다림과 보이지 않는 노력에 대한 대가였다. 행운은 그냥 오지 않는다. 준비되지 않은 사람은 행운을 트럭 한 가득 실어다 준다고 해도 하나도 건지지 못한다. 행운도 노력의 결과다. 행운은 자신의 꿈에 모든 것을 걸고 올인한 영혼에게 주어지는 대가 같은 것이다. 세상에는 부모를 잘 만나서, 집안 배경이 좋아서 편하고 부유하게 사는 사람도 분명 존재한다. 그러나 그 반대의 악조건 속에서 자신의 열정과 노력으로 꿈을 이루는 사람이 존재하는 것도 사실이다. 폴 포츠처럼 말이다. 바로 그가 온몸으로 희망을 증명하고 있지 않은가.

"누구에게나 재능이 있지만 사람들은 자기 능력을 과소평가합니다. 나를 보세요. 당신도 할 수 있습니다!"

꿈을 이룬 다음에는 모든 것이 추억이 되고 신화가 된다. 지금은 죽을 만큼 힘들고 속상할 때도 있고 못해 먹겠다 싶을 때도 있을 것이다. 그러나 꿈을 이룬 후 힘든 시절을 되돌아보면 그 시간이 왜 나에게 필요했는지, 시련을 통해 무엇을 배웠기에 성공할 수 있었는지를 알게 될 것이다.

꿈을 묻어 버린 후 쓸쓸해하고 아파하며 사는 것보다, 희망이 없어 보이더라도 꿈을 좇아 살아가는 것이 행복할 것이다. 지금은 희망이 없어 보이는가? 그렇다면 아직 하늘의 때가 되지 않은 것뿐이라고 생각해 보라. 꿈을 이루기 전의 아픈 시간은 대기시간과도 같다. 신이 좀 더 긴 시간을 요구한다면 그만한 이유가 있지 않겠는가.

폴 포츠의 이야기에서 주목해야 할 점은 그가 온갖 시련 중에도 노래를 계속했다는 것이다. 비록 사고와 질병 등 연이은 불행을 막을 수는 없었지만, 그는 가수에 대한 꿈을 버리

지 않고 모든 시련들이 지나가기를 기다렸다. 그는 '내 꿈은 내가 사랑하는 것에 삶의 모든 것을 거는 것'이라고 말한다. 쉽게 성공하는 사람들도 있겠지만 폴 포츠처럼 오랜 시간을 견딘 다음 꿈을 이룬다면 더욱 꿈의 소중함을 간직할 수 있다. 하늘이 정한 시간을 다 채우고 때가 이르는 순간까지, 정말 간절히 소망하는 꿈이라면 끝까지 매달려 있어라. 끝까지 매달리는 열혈청춘의 소망은 하늘도 뿌리치지 못할 것이다.

펄떡여라,
오늘이 세상 마지막 날인 것처럼

"재주 있는 사람은 많아요. 그런데 재주가 가만히 있지를 않아요.
발견됐을 때 집중해서 잡아 둬야 해요. 아니면 금방 다른 사람한테 넘어가요.
재주도 기회와 마찬가집니다. 목표가 정해졌다면 노닥거릴 시간이 없어요.
재주 있는 사람이 성공하는 것이 아니라 노력하는 사람이 성공하는 겁니다."
— 허영만(만화가)

남과 다른 길로

"대학을 못 간다고?"

고등학교에 들어갈 때만 해도 그의 집은 그렇게 어려운 형편이 아니었다. 오히려 꽤 유복한 편에 속했다. 그래서 대학교에서 서양화를 전공하여 화가가 돼야겠다는 꿈을 품었다. 그런데 갑작스럽게 아버지가 사업에 실패하셨다. 상황은 분명했다. 화가는커녕 대학 진학도 엄두를 못 내게 된 것이다. 그는 다른 길을 모색해야 했다.

어릴 때부터 그림에 재주가 있었던 그는 서양화 대신 만화를 선택했다. 그림으로 돈을 벌 수 있을 것 같았다. 당시는 제대로 된 만화가도 없었고 만화를 천시하는 분위기였다. 그러나 그는 만화가가 되기로 결심했고 고등학교를 마치자마자 무작정 고향인 전남 여수를 떠나 서울로 올라가 한 만화가의 문하생으로 들어갔다. 1966년의 일이었다. 그는 누구보다 성실하게 문하생 생활을 했다. '그 바닥의 문하생으로는 허영만이 최고'라는 말을 들을 정도로 열심히 해서 실력을 쌓아 나갔다.

지금은 대한민국을 대표하는 만화가가 되었지만 그의 일상은 아직도 치열하다. 새벽부터 저녁까지 작업에 열중한다. 아이디어가 잘 떠오르지 않을 때면 종종 새벽 2~3시에 광화문 거리에 나가 돌아다닐 때도 있다. 하나의 사물을 그리더라도 그는 완벽하면서도 '허영만'만의 세계를 창조해 내고 싶었다.

"나는 엄청난 양의 자료를 찾습니다. 그릴 줄 몰라서 자료를 찾는 것이 아니에요. 이를테면 풋고추의 매운맛까지 느낄 수 있도록 그리려고 자료를 찾는 것이죠."

그가 추구하는 것은 남과 비슷한 길이 아니라 '허영만의 길'이다. 남들이 대학 진학에 매달려 있을 때 그는 과감히 만화가의 길을 선택했다. 당시로서는 남들이 부러워하는 직업이 아니었음에도 그는 자신의 선택을 믿고 만화가의 길로 뛰어들었고, 늘 자신만의 작품을 만들기 위해 고뇌했다. 끝없이 새로

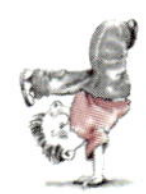

ink

운 것을 찾아 나서며 남과 다른 작품을 창조해 낸 것이다.

1등이 아니면 어때? 나는 나의 길을 갈 뿐이야

만화가의 길로 접어든 지 40년이 넘었지만 그는 한 번도 만화 이외의 길을 기웃거려 본 적이 없다. 그의 머릿속은 늘 '어떤 스토리로 이어 갈까, 어떤 그림을 그릴까, 어떤 정보를 담을까' 하는 생각으로 꽉 차 있었을 뿐, 쉴 때나 일할 때나 만화 생각뿐이었다. 1974년, 「소년한국일보」 신인공모에 〈집을 찾아서〉로 입선하였고, 문하생이 아니라 자기 작품을 하게 된 후 그는 자신의 재능을 발휘하기 시작했다. 그가 잘할 수 있는 건 만화였고, 만화를 그리고 있을 때 제일 행복했다. 늘 욕심을 내었고 더 나은 작품을 위해 더 탐구하고 더 발품을 팔았다.

『식객』이란 작품 하나를 위해 500명 이상의 요리 고수를 직접 만나 10만 장이 넘는 사진을 촬영했다. 도축장 한 곳을 400장 이상 찍었다. 요리비법을 메모한 수첩만도 200권 이상이었다. 그런 철저한 학습과 준비, 탐구가 있기에 그의 작품은 치밀한 그림과 지식, 그리고 스토리들이 한데 어우러져 숨 막

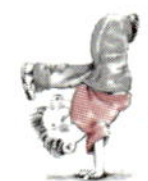

힐 정도로 흥미진진하게 흘러간다.

그에게 대강이라는 말은 없다. 대강 준비하고 대강 트렌드를 따라가는 건 용납할 수 없다. 그렇다고 해서 1등을 하기 위해, 무조건 최고가 되기 위해 욕심을 낸 건 아니다. 오히려 그 반대였다. '5등 안이면 된다, 그냥 묵묵히 나의 길을 가면 된다'고 늘 마음을 다독였다. 이상무가 최고였던 1970년대에도, 이현세가 최고였던 1980년대에도 그는 자신만의 길을 가면 된다고 믿고 묵묵히 자신의 작품을 만들어 나갔다.

"득점 찬스에서 감독이 대타를 내보낼 때 아무나 내보내는 게 아닙니다. 준비된 사람만이 찬스를 만나요. 나에게도 어려운 때가 있었지만 먹고살기 위해 펜을 놓지는 않았어요. 그런데 어느 날 날이 밝았죠. 만약 힘들다고 문하생에게 만화를 맡겨 놓았다면 아마 오늘날의 허영만은 없었을 거예요."

대가의 반열에 오른 허영만. 이제는 아무도 그의 천재성을 의심하지 않지만 처음부터 허영만의 시대가 열린 것은 아니었다. 묵묵히 쌓아 온 세월, 묵묵히 벼려 온 손재주가 이제 작품 속에 녹아나와 수많은 팬들을 열광시키고 있다. 이제 그의 시대가 된 것이다. 60세가 넘은 지금까지도 그는 철저히 노력하는 대가의 모습을 우리에게 보여 준다.

좌충우돌하더라도 지금 이 순간을 살아라

열정은 뜨거운 걸까? 물론 뜨거운 가슴이 필요하다. 그러나 진짜 열정은 '행동'이다. 허영만은 만화가가 되기로 결심하고 고향을 떠나 서울에서 문하생 자리를 찾았다. 『식객』을 만들기 위해 수백 명의 사람을 만나고, 수십만 장의 사진을 찍고, 수없이 많은 자료를 모았다. 매일 새벽같이 일어나 저녁까지 붙박이 가구처럼 앉아서 연구하고 그림을 그렸다. 그러한 행동들은 모두 열정이다.

진짜 뜨거운 열정이라면 지금 바로 행동으로 옮겨라. 내일은 없다. 오늘이 마지막인 것처럼 생각하고 열정적으로 소망하고 열정적으로 행동해야 한다. 그러니 열정이 뜨거운 것이 아닌가? 그러나 열정에는 자신의 느슨함을 지독하리만치 제압할 수 있는 차가운 이성의 힘도 필요하다. 대가들일수록 단 하루도 쉬지 않고 연습한다. 정명훈, 백건우, 조수미, 백남준 등의 사진을 찍었던 준초이는 이렇게 말했다.

"그들과 함께 보내면서 느낀 공통점 중 하나는 철저한 프로 근성입니다. 그들은 세계 어디를 가든지 단 하루도 연습을 거르지 않습니다. 몇 십 년씩이나 해 온 일을 하루쯤 쉰다고 해

서 어떻게 되나 하는 생각이 들 정도예요."

대가들은 자기를 연마하기 때문에 대가가 될 수 있었고, 치열하게 자기를 관리하기 때문에 명성을 이어 갈 수 있다. 대가들도 이렇게 열심히 하는데 하물며 젊디젊은 열혈청춘이라면 얼마나 더 열심히 뛰어야 하지 않겠는가. 이리저리 뛰어다니고 있는 과정을 징그럽게 여기지 마라. 지금 내가 꿈을 향해 가고 있다면 이 순간을 즐겨라. 과정을 즐기는 사람만이 아무런 희망이 없어 보이는 상황과, 놀지도 못하고 죽어라고 뭔가를 해야 하는 속박을 끝까지 버틸 수 있다. 허영만이 『식객』을 만들 때 발품을 판 것처럼 내 인생을 위해 발품을 팔아라. 그래야 쥐구멍 같은 내 인생에도 볕이 들 수 있다. 호수 위의 백조처럼 고상을 떠는 젊음보다 좌충우돌 부딪치며 자기 길을 찾아가는 젊음이 진짜다. 노력하는 열정으로 꿈에 대한 간절함을 증명해 보여라. 오늘이 마지막인 것처럼 오늘을 치열하게 살아라.

남들에겐 1퍼센트의 가능성이지만
내게는 100퍼센트다

"예전보다 훨씬 크고 완전한 사람이 된 느낌이다.
또 새로운 목표가 생겼다.
될 수 있는 한 최고의 사람이 되는 거다. 자신의 본능을 믿어라.
왜 안 되겠는가? 당신이라면 어떻게 하겠는가?"
— 지젤 번천(패션 모델)

어느 날 다가온 1퍼센트의 기회

"난 모델 에이전시 직원인데, 넌 이름이 뭐니?"

브라질의 한 쇼핑몰 패스트푸드점에서 입을 한껏 벌리고 함버거를 먹으려던 소녀 앞에 한 남자가 나타났다. 소녀는 주근깨가 있는 얼굴이었지만 키가 커서 눈에 띄는 타입이었다. 햄버거를 먹으려던 소녀는 자신에게 다가온 기회가 무엇인지 의미도 모른 채 낯선 남자를 쳐다보았다.

"모델 에이전시라고요? 그게 나랑 무슨 상관인가요?"

소녀는 모델이 되겠다는 생각을 해 본 적이 없었다. 오히려 어릴 때부터 운동을 좋아했던지라 배구선수가 되고 싶었다.

우리가 흔히 동경해 마지않는 '길거리 캐스팅'이 없었다면 세계 최고의 톱모델 지젤 번천은 존재하지 않았을 것이다.

눈에 띄는 몸매 덕분에 길거리 캐스팅이 되었지만 학창 시절 그녀는 그 몸매 때문에 친구들의 놀림을 받아야 했다.

"말라깽이!"

"해골!"

"올리브, 뽀빠이는 어디 있어?"

'뽀빠이'라는 만화에 나오는 키 크고 마른 올리브에 빗대어 친구들은 지젤의 큰 키를 비아냥거렸다. 180센티미터가 넘는 큰 키는 오히려 친구들의 놀림감이 되었다. 그런데 갑자기 모델이라니? 소녀 지젤리(고향 브라질에서는 지젤을 지젤리라고 불렀다)는 친구들이 놀릴 정도로 열등한 요소였던 자기 몸이 모델이라는 남들이 부러워하는 화려한 직업이 되는 데는 우월한 요소가 된다는 놀라운 사실을 발견했다.

'그래, 키가 큰 게 뭐가 나빠? 모델을 하고 싶어도 키가 작아서 못하는 사람들이 얼마나 많은데? 이렇게 뉴욕에서 온 에이전시의 눈에도 내가 확 뜨일 정도잖아!'

14세의 지젤리는 자신의 가능성을 발견하게 되었다. 그녀는 부유한 집안에 태어난 공주도 아니고, 어려운 사람들과 섞여

우리 뽀빠이는 어디있어?
해 글쎄
말라깽이

자란 거뭇거뭇한 피부를 가진 소녀에 불과했다.

"나는 늘 가난에 찌든 환경에서 자랐어요. 거리엔 언제나 마약을 팔거나 본드를 마시는 아이들이 있었죠."

그러나 세상은 그녀에게 중요한 것은 집안, 돈, 배경, 학벌 따위가 아니라 열정을 가지고 꿈을 향해 도전하는 '지젤리' 자신이라고 말하고 있었다.

수줍은 소녀에서 카리스마 넘치는 눈빛으로

지젤 번천은 1퍼센트의 가능성으로 다가온 기회를 잡기로 했다. 모델의 길을 가기로 결심한 것이다. 처음 뉴욕에 왔을 당시 그녀는 1년 동안 매일 아침 식사를 99센트로 해결했을 정도로 어렵고 서러운 시기를 보냈다. 적극적이고 책임감도 강해 앞도 뒤도 보지 않고 자신의 목표를 향해 온몸으로 달렸지만 초짜 모델인 그녀는 수줍은 소녀에 불과했다.

당시 모델계는 백색 피부와 말라비틀어질 것 같이 가녀린 몸매를 가진 모델들이 대세를 이루고 있었다. 그에 비해 그녀는 구릿빛 피부에 볼륨 있고 탄탄한 몸매를 가지고 있었다.

그녀는 모델계의 트렌드를 엎기 위해 다른 모델들과 다른 자신만의 매력을 내세워야 했다. 성공 여부는 알 수 없었다. 그러나 1퍼센트의 가능성을 보고 뛰어든 모델계에서 자신의 노력으로 나머지 99퍼센트를 채워야 한다는 것만은 분명했다.

지젤은 남다른 워킹과 남다른 표정을 만들기 위해 그리고 남다른 곡선을 자신의 몸으로 표현하기 위해 자신을 변화시켰다. 수줍던 소녀의 표정은 당당하고, 섹시하고, 카리스마 넘치고, 한번 보면 기억에서 지울 수 없는 강렬한 포스가 느껴지는 표정으로 변해 갔다. 그녀의 워킹과 눈빛은 수많은 사람들에게 강한 인상을 남겼다. 한때 뉴욕에서 지젤 스타일의 걸음걸이가 유행했을 정도였다. 그녀의 가슴에는 성공에 대한 열망이 가득했다. 열망은 그녀의 눈빛과 워킹과 표정과 스타일이 되어 자연스럽게 흘러나왔다.

크리스찬 디올의 수석 디자이너 존 갈리아노는 첫눈에 그녀를 알아보았다. 그리고 그녀의 열정과 일에 대한 책임감을 간파했다. 기회는 또 다른 기회를 낳는다. 그녀는 크리스찬 디올뿐만 아니라 빅토리아 시크릿의 전속 모델로서 글래머러스한 몸매에서 풍기는 매력을 맘껏 발휘하며 카리스마 있는 톱 모델로서 명성을 쌓아 갔다.

내 열정에 올인하라

자신의 가능성을 발견하고 모델의 길을 개척하여 멋지게 성공한 지젤 번천은 이제 '더 보디(The body, 위대한 몸이라는 뜻의 별명)'로 불리며, 세계에서 가장 돈을 많이 번 모델이 되었다. 2009년, 지젤 번천은 2,500만 달러(약 284억 원)를 벌었는데 이 중 150만 달러를 아이티 지진 피해자를 위해 써 달라며 적십자에 기부하기도 했다. 또한 얼마 전부터 자신의 이름을 딴 패션 브랜드를 만들어 사업가로서도 성공가도를 달리고 있다.

해골이라고 놀림을 받던 주근깨 소녀는 이제 없다. 고등학교 중퇴라는 별 볼 일 없는 학력도 그녀의 전진을 막을 수는 없었다. 샤넬의 수석 디자이너로 활동한 칼 라거펠트는 이렇게 말했다.

"한 명의 여자와 촬영해야 하는 순간에는 늘 지젤에게 전화를 건다."

1퍼센트의 재능과 기회를 100퍼센트로 완성하는 건 남다른 열정이다. 성공한 사람들은 모두 성공에 대한 남다른 열정

을 가지고 있다. '좋은 게 좋은 거지' 하는 식의 안분지족, 사소한 스트레스에서 벗어나려는 안일한 마음으로는 열정을 가질 수 없다. 열정이란, 결국 자기 인생에 대한 집중이다.

성공하지 못하는 사람들은 삶은 원래 제 뜻대로 되는 게 아니며 물 흐르듯 흘러가야 한다는 도피적인 말을 늘어놓곤 한다. 그러면서 정작 자기의 꿈이 어디로 흘러가는지, 어디서 막히는지는 방관한다.

반면 성공하는 사람들은 자기 자신에 올인한다. 모든 에너지를 자신에게 집중한다. 자신에 대해서 끊임없이 느끼고 생각한다. 자신의 꿈에 대해 애태우고 그것을 이루기 위해 발 벗고 나선다. 그것이 열정이다. 꿈도 마찬가지다. 뒷짐 지고 바라보기만 하는 것은 '고상'이 아니라 '도피'다. 세상과 맞장 뜨기 두려운 것이다.

자신의 꿈에 끊임없이 올인해야 한다. 열정이 있어야 "나를 만든 건 학벌이 아니다, 나를 만든 건 행운 따위가 아니다, 나를 만든 건 배경이나 외모가 아니다. 나를 만든 건 나 자신의 열정이었다."고 당당히 말할 수 있다.

창조의 도전
내가 가는 길이 새 길이 된다

도전하라,
나의 첫발이 누군가의 꿈이 된다

내가 원하는 회사를 차릴 거야

스티브 잡스는 양부모 밑에서 자랐다. 미혼모인 생모는 아이를 기를 수 없었고, 결국 아이는 생후 몇 주 만에 잡스 부부에게 입양되었다. 그러나 양부모도 그리 여유 있는 형편은 못 되었다. 그는 혼자만의 세계에 빠져 사는 성향이라서 학교에서도 늘 혼자였다. 거의 왕따 수준이었지만 기계에만 관심 있던 그에게 컴퓨터 관련 동호회 모임에서 알게 된 스티브 워즈니악이라는 친구가 있었다. 워즈니악은 컴퓨터에 빠져 있던 엔지니어였다. 나이는 스티브 잡스보다 다섯 살이 많았지만 서로 관심사가 같아 유일하게 마음을 터놓고 지내는 사이였다.

훗날 잡스는 대학교에 들어갔지만 얼마 지나지 않아 자퇴하고 컴퓨터 게임 회사에 들어가 일을 배웠다. 워즈니악은 대학교를 졸업하고 휴렛팩커드에서 개발 일을 하고 있었다. 두 사람은 창고에 모여 컴퓨터를 연구했다. 당시는 대형 컴퓨터만이 쓰였고 제대로 된 개인용 컴퓨터는 아직 없을 때였다. 두 사람은 지저분하고 답답한 창고에서 개인용 컴퓨터를 개발했다.

"우리가 회사를 차려도 되겠어."

"컴퓨터를 팔 수는 있지만 정말 회사를 차릴 수 있을까?"

워즈니악은 확신이 들지 않았다. 그러나 스티브 잡스에게는 배짱이 있었다.

"우리가 돈을 벌지 못할 수도 있지만, 회사를 하나 차려 보는 거잖아. 젊은 시절에 기업을 하나 일군다는 건 의미 있는 일이라고 생각해."

워즈니악은 마음이 움직였다. 비록 돈은 없었지만 아무도 상상하지 못한 개인용 컴퓨터를 개발한 것처럼 스티브 잡스는 투자자를 끌어들이기 위해 발로 뛰었다. 1976년, 스티브 잡스는 워즈니악과 함께 애플이라는 회사를 창업했다. 가난하고 가진 게 없는데다 대학교까지 자퇴한 25세 청년의 배짱 두둑한 도전이었다. 전 세계 IT산업을 휩쓸고 있는 애플의 시작은 이렇게 작고 초라했다.

누가 도전이 한 번뿐이래?

"나를 쫓아내겠다고?"

1986년, 스티브 잡스는 피가 거꾸로 솟는 것 같았다. 젊은 시절부터 일궈 낸 회사가 자신을 쫓아내겠다니 분노가 솟구쳤다. 그동안 애플I, 애플II로 이어지는 제품은 히트를 쳤고 회사 주가가 올라 그는 젊은 나이에 부자가 되었다. 그러나 애플III 개발이 실패하고 매킨토시 판매가 부진하자 임원진들은 스티브 잡스에게 모든 책임을 떠넘겼고 결국 그는 자신이 세운 회사에서 쫓겨나는 신세가 되었다.

"언젠가는 나를 쫓아낸 사람들이 후회하게 만들겠어. 두고 봐."

그는 분노에 빠져 주저앉지 않았다. 오히려 분노를 긍정적인 에너지로 전환시켜 새로운 의욕을 불태웠다.

그의 도전은 계속되었다. 회사에서 쫓겨난 31세의 스티브 잡스는 고성능 컴퓨터 시장을 노리고 새로운 컴퓨터 회사 '넥

스트'를 설립했다. 그리고 또 다른 분야로 눈을 돌렸다.

'그동안 컴퓨터가 세상의 전부인 줄 알고 우물 안 개구리처럼 살았어. 하지만 세상은 넓고 내가 도전할 분야는 얼마든지 있어. 새로운 일에 도전할 거야!'

그는 영화산업에 눈을 돌렸다. 컴퓨터그래픽 애니메이션이 영화에 미치는 영향을 간파하고 '루카스 필름'의 그래픽 부문을 사들여 '픽사'라 이름 붙였다. 아직 컴퓨터그래픽 애니메이션이 낯설던 때라 사람들은 그의 투자를 말렸지만 그는 계속해서 모든 제작비를 쏟아 부으며 한 편의 애니메이션을 완성했다. 그것이 바로 전 세계를 강타했던 〈토이 스토리〉였다. 이 영화는 잡스의 새로운 도전작이자 성공 재기작이었다. 〈토이 스토리〉에 이어 〈벅스 라이프〉, 〈니모를 찾아서〉 등의 애니메이션이 성공하면서 스티브 잡스는 완전히 재기했다. 그리고 2006년, 애니메이션 산업의 터줏대감 격인 '월트 디즈니'가 픽사를 인수하였고 그는 월트 디즈니사의 이사회 임원이 되었다.

스티브 잡스가 승승장구하는 사이 애플은 점점 상황이 나빠져 부도 직전의 위기에 몰리게 되었고 결국 그에게 매달렸다.

"애플을 구해 주세요. 다시 돌아와 주십시오."

스티브 잡스의 가슴에는 자신을 쫓아낸 사람들에 대한 반감이 있었지만 자식 같은 회사에 대한 무한한 사랑이 있었다.

"조건이 있습니다. 당분간 경영은 제가 맡겠습니다."

"좋습니다."

"조건이 또 하나 있습니다. 월급은 1달러만 받겠습니다."

"네?"

"돈 때문에 애플로 돌아가는 게 아닙니다. 애플을 끝까지 책임지기 위해 돌아가는 것입니다."

그의 또 다른 도전이 시작되고 있었다. 언젠가는 나를 쫓아낸 사람들을 후회하게 만들 거라던 다짐은 "애플을 멋지게 되살려 내겠다."는 구체적인 목표로 바뀌었다. 진정한 복수였다. 사람들은 다 쓰러져 가는 애플을 떠맡는다는 건 바보짓이라고 말했다. 그러나 지금은 스티브 잡스의 애플 복귀를 '왕의 귀환'이라고 부른다. 스티브 잡스의 진짜 도전, 세상을 그의 마법에 빠지게 할 도전은 그때부터 시작되었다.

항상 갈망하라, 바보짓을 두려워하지 마라

이후 그는 때를 기다렸다는 듯이 숨 가쁘게 달렸고, 아이맥, 아이팟, 아이폰 그리고 아이패드에 이르기까지 새로운 제품을 개발했다. 그의 바람대로 애플을 멋지게 되살려 낸 것이다. 지금의 성공에 비하면 이전의 성공은 어린애의 장난 같은 것이었다. 사람들은 이제 스티브 잡스를 시대의 아이콘이라고 부른다. 그는 애플의 직원들에게 이렇게 말했다.

"저는 앞으로도 결코 현실에 만족하지 않을 것입니다. 끊임없는 노력과 도전으로 발전시켜 나갈 것입니다. 성공하기 위해서는 자신이 사랑하는 일을 먼저 찾아야 합니다. 그리고 일에 대한 열정을 갖기 바랍니다. 그리고 끝까지 인내하고 도전하면 반드시 길이 보입니다!"

아이 시리즈는 그가 도전한 결과였다. 지금의 애플은 그가 만들어 낸 창조물이다. 물론 혼자의 힘은 아니었다. 그렇다고 도전의 가치가 퇴색하는 건 아니다. 아이디어는 발견하고 가치를 판단하고 끝까지 밀어붙이는 사람의 것이다. 생각은 누구나 할 수 있으니까 말이다.

스티브 잡스에겐 삶의 매 순간이 하나의 개발품이다. 스티브 잡스의 애플처럼 내 꿈은 내가 만들어 가는 것이다. 실패를 딛고 시도하는 몇 번의 도전은 내 꿈을 만들어 가는 과정이다. 만약 스티브 잡스가 개인용 컴퓨터를 개발해 놓고도 회사를 차리지 않았다면, 애플에서 쫓겨났다고 주저앉아 새로운 도전을 모색하지 않았다면, 쓰러지는 애플로 돌아가 새로 도전하지 않았다면 오늘날의 그는 없었을 것이다.

위대한 세계는 한 번에 창조되지 않는다. 천재들도 자신의 작품을 다듬고 또 다듬는다. 그러니 내 꿈도 한 번에 이뤄지지 않는다고 실망할 필요가 없다. 사람마다 정도의 차이가 있을 뿐, 꿈은 다듬고, 도전하고, 도전을 밑거름 삼아 다음 계획을 보완해 나가면서 이뤄 가는 것이다.

모든 사람이 스티브 잡스가 될 수는 없다. 타고난 재능과 그 정도도 다르고 노력의 크기도 제각각 다르다. 상대적으로 운이 좋은 사람도 있고 나쁜 사람도 있다. 그러니 누구나 욕심만 가지고 열정적으로 노력하면 스티브처럼 세계적인 성공을 거둘 수 있다는 것은 환상일 수도 있다. 중요한 것은 자신이 원하는 가치에 맞는 꿈을 선택하는 것이다.

스티브 잡스의 성공에서 첫 발판이 된 것은 바로 워즈니악이었다. 천재 엔지니어인 워즈니악을 만나지 못했다면 애플은 만들어지지 않았을지도 모른다. 그런데 지금 워즈니악은 애플에 남아 있지 않다. 함께 애플을 성장시키기는 했지만 교통사고 등을 겪으면서 워즈니악은 새로운 인생을 선택했다.

"애플에서 일에 매달려 있을 때보다 차라리 창고에서 컴퓨터를 연구할 때가 더 행복했습니다. 모든 것을 통제하며 사는 것보다 웃으며 사는 사람이 더 행복합니다."

그는 잡스와 함께 성공해 백만장자가 되었지만 결국 애플을 나와 학교 컴퓨터 보급 및 교육 같은 봉사활동에 전념하고 있다.

이런 워즈니악에게 꿈을 포기한 사람이라고 할 수 있을까? 그는 자신이 원하는 가치를 찾아 새로운 도전을 한 것이다. 잡스의 모습만이 도전은 아니다.

'이것을 하면 돈을 많이 벌 거 같아, 저 사람처럼 화려하게 성공하고 싶어' 하는 마음으로 무언가를 따라간다면 성공할 수 없다. 진정한 열정이 나오기도 힘들고, 조금만 위기가 생기면 금세 포기하게 될 것이다. 그래 놓고 '열정적으로 하면 성공한다는 건 환상이야. 결국 운 좋은 놈들만 성공하지.'라고 생각하며 자신을 위안할 것이다.

컴퓨터 산업에 뛰어들어 열심히 한다고 해서 모두가 스티브 잡스처럼 세계적으로 성공할 수 있는 것은 아니다. 막연히 누구처럼 되고 싶어서 따라 하는 노력만으로는 아무것도 이룰 수 없다. 누구보다 높이, 누구보다 더 빨리 성공하는 것이 중요한 것은 아니다. 가장 중요한 것은 자신이 원하는 가치에 맞는 꿈을 이루는 것이다.

조건이나 화려한 겉모습을 보고 도전해서는 진정한 성공을 얻기 힘들다. 자신이 진정으로 원하는 일, 원하는 가치를 얻기 위해 도전해야 한다. 그래야 진정한 열정이 끊임없이 나올 수 있고, 위기를 만나도 쉽게 포기하지 않고 끝까지 버틸 수 있다. 잡스처럼 세계적인 사람이 되는 게 중요한 게 아니라 자신이 원하는 일을 해냈느냐가 의미 있는 것이다.

두려워 말고 내 마음이 이끄는 새로운 일에 도전하라. 아무도 간 적 없는 새로운 길에 과감히 첫 발을 내디뎌라. 어떤 길도 처음에는 길이 아니었다. 한 사람, 두 사람, 세 사람이 가면서 길이 된 것이다. 나의 첫 발이 뒤따라오는 누군가에겐 꿈

이 될 것이다. 그러니 나만의 '위풍당당행진곡' 하나쯤은 스스로 마련해 두어라.

끝없이 도전해 나갈 나 자신을 위해서!

뒤집어 생각해 봐,
세상을 바꿀 수 있어

"트위터는 우리가 먼저 빠져들었다. 그래서 성공할 수 있었다.
성공하기 위해선 진짜로 하고 싶은 일을 해야 한다.
그래야 열정과 최선을 다하기 때문이다.
우리는 백지에 그림을 그리듯 창의력을 발휘해 계속해서
스스로의 가치를 만들어 가고 있다."
– 비즈 스톤(트위터 공동 개발자)

나에게 트윗을 날려라

"사람들이 어디서 뭘 하고 있는지 짧은 문자메시지를 주고 받는 웹 서비스라고?"

비즈 스톤과 에반 윌리엄스는 이렇게 되물었다. 잭 돌시의 아이디어가 어떤 것인지 금세 상상이 되지 않았다. 그러나 그들은 뭔가 새로운 걸 만들어 낼 수 있을 것 같은 느낌이 들었다. 그래서 누가 먼저랄 것도 없이 대화에 불이 붙었다.

"그래, 우리 좀 더 자유로운 방식으로 생각해 보자!"

"친구들과 통화할 때 무슨 말을 제일 많이 하지?"

"글쎄…… 지금 뭐 하고 있어?"

"그래, 그 말을 제일 많이 하지. 그걸 도와주자는 거야."

모두가 눈을 반짝였다. 세 사람이 함께 창업한 오데오(Odeo) 사는 슬럼프에 빠져 있었고 CEO인 에반 윌리엄스는 회사를 접어야겠다고 생각하던 차였다. 그런데 새로운 아이디어가 그들의 열정을 다시 달구었다. 그들은 오랫동안 단문메시지서비스(SMS)와 웹을 결합시킬 재미난 방법이 없을까 고민해 왔는데 그것이 가능할 것 같았다.

'친한 사람들끼리 자기가 어디서 무엇을 하고 있는지 아주 간단한 소식만 확인할 수 있다면? 그것을 아주 간단하게 표현할 수 있다면?'

그들은 곧바로 일에 착수했고 2주일 만에 신제품을 만들어 냈다. 그렇게 태어난 것이 바로 '트위터'였다. 트위터 개발에 대해 비즈 스톤은 다음과 같이 말했다.

"트위터는 우연한 기회에 개발되었습니다. 성공은 뜻밖의 상황에서 이루어지기도 하죠. 심지어 실수가 성공이 되는 경우가 꽤 있어요."

비즈 스톤은 제품을 개발한 후 직원들에게 보여 주고 테스트에 들어갔다. 사람들은 모두 낄낄거리며 재미있어했다. 실제로 해 보니 너무 재미있다는 반응이었다. 그러나 아직 확신이

지금 뭐 해…?

들지는 않았다.

‘과연 성공할 수 있을까?’

비즈 스톤은 설레는 마음을 진정시키며 모처럼의 주말에 카펫을 정리하고 있었다. 그런데 문득 휴대전화가 울렸다.

‘스톤, 지금 뭐해? 난 지금 피노누아르(Pinot Noir, 포도주)를 마시고 있어.’

윌리엄스가 날린 트윗이었다. 온몸에 희망적인 기운이 번졌다.

‘바로 이거야! 이런 느낌! 사람들은 이렇게 소소한 소식들을 서로 주고받으며 소통하기를 원하고 있는 거야!’

비즈 스톤은 드디어 확신을 갖게 되었다.

먼저 내 마음이 움직여야 해

새로운 것을 만들어 내기 위한 그들의 대화는 계속되었다.

"글자 수를 제한해야 해. 너무 길면 안 되거든."

"140자 정도면 어떨까?"

"그래, 그 정도 길이여야 한 눈에 메시지를 다 읽을 수 있을

테니까 말이야."

"이름은 뭘로 할까?"

"트위치(Twitch, 경련하다) 어때? 휴대전화가 진동하는 이미지와 딱 맞잖아."

"근데, 어감이 좀 그렇다. 더 상큼한 어감이 없을까?"

그들은 사전을 뒤적이며 단어를 찾았다.

"트위터(Twitter, 재잘거리다, 새가 지저귀다) 어때?"

"그래! 짤막하고 가벼운 정보라는 콘셉트와도 맞고 휴대전화가 진동하는 모습과도 느낌이 통해. 어감도 좋고. 그걸로 하자!"

트위터는 하나씩 모습이 구체화되었다. 2006년 3월에 개발된 트위터는 그해 10월 공식적인 서비스에 들어갔다. 그 후 트위터가 버락 오바마 대통령의 선거 운동에 사용되고, 오프라 윈프리 쇼에 소개되자 전 세계적으로 열풍을 일으켰다. 세계가 열광하는 트위터는 이처럼 작은 아이디어에서 개발되었다. 짤막한 지저귐처럼 작은 아이디어에서 말이다.

트위터는 우연히 개발된 것 같지만 사실은 개발자들이 노력한 오랜 내공의 결과였다. 에반 윌리엄스는 블로그를 개발한 전문가였다. 윌리엄스가 블로그를 구글에 매각할 당시 비즈 스톤은 구글에 있었는데 구글의 블로그팀에서 2년여 동안 일하다가 윌리엄스의 사업에 합류했다. 그러니 트위터의 성공은 우연이 아닌 것이다. 오랜 도전의 경험과 창의적인 고민들이 개발자 안에 녹아들어 있었으니까 말이다. 쌓여 있는 내공이 새로운 아이디어를 세상 밖으로 끄집어낸 것이다. 어떤 분야든 창의적인 생각이 많을수록 앞서 가게 되어 있다. 그렇다면 창의적인 생각은 어디서 나오는 것일까? 비즈 스톤은 이렇게 말했다.

"스스로 재미가 없다면 실패가 예정되어 있는 거나 마찬가지입니다. 그런데 트위터는 우리가 먼저 빠져들었어요. 성공하기 위해선 진짜로 하고 싶은 일을 해야 합니다. 그래야 열정과 최선을 다하기 때문입니다."

아이디어는 열정에서 나온다. 내 마음이 움직여야 아이디어가 나온다. 관심도 없는 것에 대해서 아이디어를 생각할 수는 없다. 모양내는 데에 관심이 많은 사람은 어디를 가도 패션 관련 정보에 관심을 가지고 자신의 패션에 적용할 힌트를 얻는다. 축구에 관심 있는 사람은 자신의 운동실력에 대해서 끊임없이 아이디어를 생각한다. 마음이 움직이고 있기 때문이다. 세상을 뒤바꿀 획기적인 아이디어도 '작은 관심'에서부터 시작한다. 그러니 먼저 마음을 움직여라.

내 인생의 아이디어를 잡아라

비즈 스톤은 보스턴에서 고등학교를 졸업한 뒤 노스이스턴 대학교와 매사추세츠대학교를 각각 1년씩 다니다 자퇴했다. 당시 그는 출판사에서 짐 나르는 아르바이트를 한 적이 있었다. 그러던 어느 날 점심시간에 미술부서가 자리를 비운 사이 몰래 들어가 책 표지를 디자인했다. 그림을 본 아트 디렉터는 스톤에게 함께 일을 하자고 제안했다. 그는 재능을 발견하자 미련 없이 학교를 그만두었다.

"대학교 졸업장을 받지 못한 것을 후회하냐고요? 비록 학위를 따는 데에는 실패했지만 학교수업보다는 하고 싶은 일을 현장에서 빨리 배우고 싶었습니다. 대학교를 그만둔 것이 내 인생에서 가장 잘한 결정이었습니다."

그래픽 아티스트로 시작한 그는 인터넷 회사에서 근무하다가 구글을 거쳐 에반 윌리엄스의 사업에 동참했다. 그는 안정적인 삶보다는 스릴 넘치는 삶을 통해 자신만의 전문성을 길렀고, 결국 트위터를 개발한 것이다.

스톤은 창의적인 아이디어를 끄집어내기 위해 자유롭게 이야기하는 브레인스토밍(Brainstorming, 형식에 구애받지 않고 자유로운 토론으로 창조적인 아이디어를 끌어내는 일)을 가장 좋아했다. 그는 동료와 친구들과 둘러앉아 어떤 가정을 설정하고 농담처럼 대화하곤 했다.

"중력이 없다면 어떻게 될까?"

그러면 흥미로운 아이디어가 쏟아져 나온다. 때론 말도 안 되는 황당한 아이디어들이 나오기도 한다. 그러나 이런 아이디어가 쏟아져 나와야 쓸 만한 아이디어도 건지게 된다.

스톤은 기업들에게 말한다.

"전자회사라고 컴퓨터 전공자만 뽑을 게 아닙니다. 아티스트, 시인, 자유사상가를 한데 넣어 보세요. 서로 다른 생각을 하는 사람들이 섞이면 기존엔 생각할 수 없던 창의적인 결과가 나올 것입니다."

기업뿐만 아니라 개인도 마찬가지다. 다양한 사람들과 다양한 생각들을 주고받고 다양한 경험들을 해 봐야 창의적인 생각들을 할 수 있다.

"백지에 그림을 그리듯, 사용자들이 창의력을 발휘해 스스로 트위터의 가치를 만들어 가고 있습니다."

꿈을 향해 가는 여정도 비슷하다. 백지에 그림을 그리듯 스스로 창의력을 발휘해 가치를 만들어 가는 것이다. 아무 생각

없이 '무엇을 하고 싶다, 무언가 되고 싶다'는 감정만으로는 2퍼센트가 아니라 98퍼센트가 부족하다. 꿈을 발견한 다음 그것을 향해 걸어가는 과정에서도 나만의 창의적인 생각과 방법들이 필요하다. 남의 꿈만 기웃거리고 남의 방법만 분석한다면 내 꿈에 대한 방관자일 뿐이다. 내 꿈에 대한 열정이 있는 사람은 수없이 고민하고 새로운 생각과 방법들을 끄집어낸다.

비즈 스톤은 최근에 하프 마라톤에 도전하고 있다. 물론 쉽지 않다. 그러나 그의 친구가 이런 충고를 해 주었다.

"네가 달리고 있는 한 걱정하지 마."

그 한마디는 스톤이 마라톤에서 달리는 속도가 느려지고 힘이 빠질 때마다 포기하지 않도록 하는 힘이 되었다.

계속해서 무언가에 새롭게 도전하고 있는 한 걱정하지 않아도 좋다. 곧 창의적인 나만의 꿈을 발견하고 그것에 도달하는 여러 가지 방법들을 생각해 낼 테니까.

도전에 실패한다고 해도 다시 도전하려는 의욕을 잃지 않는 한 걱정하지 않아도 좋다. 시행착오를 밑천 삼아 또다시 나만의 다른 방법들을 생각해 낼 테니까.

그게 바로 열정이다.

꿈을 이루려면 편안함에 길들여지지 마라

"미래는 열정이라는 DNA가 만든다.
누구에게나 창의 DNA가 있고 재능이 있어서
그것은 어떤 형태로든 분출이 된다.
다른 사람이 용기를 줄 때까지 기다리지 말고
내 안의 열정을 느끼고 가능성을 믿어야 한다!"
– 제임스 카메론(영화감독)

소설가를 꿈꾸다 영화감독의 길로

2009년, 제임스 카메론 감독은 영화 〈아바타〉로 우리에게 또 하나의 새로운 세계를 선사했다. 3D 그래픽 기술로 구현한 판도라 행성의 아름다운 모습에 전 세계 사람들은 매료되었다. 그는 이제 단순히 흥행감독이 아니라 거장의 반열에 올라 있다. 그는 새로운 세계를 만들어 내는 창조자인 것이다.

"나비족의 새로운 언어를 만들어 내라."

"판도라 행성의 밀도를 구하라."

"어떻게 산이 허공에 떠 있을 수 있는지 과학적 근거를 찾아라."

〈아바타〉가 세상에 나오기까지 4년 동안의 제작과정 중에는 이렇게 언어학자, 물리학자 등 전문가를 활용해 리얼리티를 만든 시간도 포함되어 있다.

'자기가 판도라 행성이니 나비족이니 허공에 떠 있는 산이니 상상해 놓고선 왜 그 시나리오에 맞는 과학적 근거를 대라고 해?'라는 생각이 들지 모른다. 그러나 원하는 이미지를 완벽하게 만들려는 그의 열정은 "과연 제임스!"라는 말을 절로 하게 만든다. 머릿속에 온갖 희귀한 이미지들이 떠다니는데 그걸 화면으로 구현해 내고 설득력까지 담으려니 얼마나 숙제가 많았겠는가.

〈아바타〉의 아이디어는 고등학교 시절까지 거슬러 올라간다. 수업시간에 떠오른 생각을 노트에 적어 놓았던 아이디어가 1995년에 시나리오로 완성된 것이다. 시나리오가 완성된 후에도 영화가 되어 세상에 나오기까지는 상당한 시간이 흘러야 했다. 카메론은 자신이 상상하는 이미지를 온전히 관객들에게 보여 주기 위해서 3D 영화 환경이 어느 정도 무르익을 때까지 기다렸다가 2009년에야 마침내 세상에 내놓았다.

그의 성공작이 〈아바타〉뿐만은 아니다. 어린 시절부터 공상과학에 관심이 많던 그는 〈터미네이터〉, 〈에일리언〉 등 내놓는 영화마다 일반적인 상식을 뛰어넘는 새로운 미래상을 보여 주며 히트작을 만들었다.

그가 성공한 비결은 무엇일까?

"영화가 성공하기 위해서는 우선 열심히 일해야 하며 팀플레이가 이루어져 창의력을 뿜어내야 합니다. 또한 기술이 결코 창의력이나 인간의 감정, 스토리 등을 압도하지 않게 하는 것이 중요합니다."

카메론 감독의 화두는 창의성이다. 그는 어릴 때부터 글을 쓰거나 그림을 그리는 등 창의적인 일을 좋아했다. 어릴 때부터 영화에 관심이 많긴 했지만, 그는 한때 소설가가 되려고 했다. 그래서 다니던 캘리포니아주립대학교 물리학과를 자퇴하고 말았다. 트럭 운전사로 일하면서 앞날을 모색하던 그는 〈스타워즈〉를 보고 영화판에 뛰어들게 되었다.

그리고 그는 영화감독을 꿈꾸었다. 물리학도였다가 소설가를 꿈꾸다가 영화감독의 길로 접어든 카메론은 언젠가 자신이 원하는 영화를 만들겠다는 일념으로 가장 밑바닥 일부터 배웠다.

안 된다고 하면 그만둘 것인가?

1980년, 스튜디오에서 제작 일을 배우던 그는 드디어 〈피라나 2〉라는 영화의 감독으로 데뷔를 했다. 그러나 이 영화는 세상의 주목은 커녕 혹평을 받았다.

다시 의욕을 불태우며 〈터미네이터〉의 시나리오를 완성한 카메론은 영화사를 찾아다녔다. 그러나 대답은 "NO!"였다. 기껏해야 단 한편의 영화를 만들어 본 초짜, 그것도 흥행 실패로 끝났는데 그가 위풍당당하게 주장하는 다음과 같은 옵션은 더더욱 받아 줄 수 없었다.

"감독은 내가 직접 맡겠습니다!"

시나리오를 들고 찾아가는 곳마다 자기가 감독을 해야 한다고 주장했기 때문에 아무도 그의 시나리오를 거들떠보지 않았다. 영화사로서는 그를 감독으로 써 가면서 영화를 제작할 생각은 전혀 없었다. 그래도 그는 포기하지 않았다. 그의 머릿속에는 〈터미네이터〉의 속편에 펼쳐질 이미지까지 있었기 때문에 그것을 가장 감동적이고 효과적으로 표현할 수 있는 사람은 바로 자신밖에 없다는 확신이 있었다. 그렇기 때문에 '감독은 내가 해야겠다'는 옵션은 끝까지 포기할 수 없었다.

No!
I do!!!!

　그러다가 한 제작사와 계약을 할 수 있었다. 시나리오와 연출에 대한 대가로 단 1달러를 받는다는 조건이었다.

"1달러! OK!"

　돈보다 중요한 것은 '자기가 상상하는 이미지대로 영화를 창조해 낼 수 있느냐'는 것이었다. 그리고 보란 듯이 〈터미네이터〉를 히트시키고 〈터미네이터 2〉까지 제작하여 흥행을 이어 갔다.

　영화는 상상의 산물이다. 그는 계속해서 새로운 것을 상상했고, 자기가 상상한 것을 집요하게 추구했다. 정말 중요한 것은 아이디어 자체가 아니라 그것을 실천으로 이어 나가는 힘이다. 제임스 카메론은 "상상한 것을 어떻게 실천하는가?"라는 질문에 이렇게 답했다.

"누구든 무언가를 하고 싶으면 가장 먼저 자신에게 질문을 던지세요. 내가 이 일을 꼭 해야 하는가에 대한 질문을 하고 정말 하고 싶고 열정이 있다면 할 수 있다고 생각합니다. 미래는 열정이라는 DNA가 만들어 줍니다. 다른 사람이 용기를 줄 때까지 기다리지 말고 내 안의 열정을 느끼고 자신의 가능성을 믿어야 합니다."

창의적인 힘은 단순한 생각의 힘에 있지 않다. 좋은 아이디어를 가지고도 그다지 빛을 못 보는 사람들이 있다. 그들은 항상 새로운 것이 세상에 나오면 이렇게 말한다.

"저 아이디어는 별 거 아니야. 나도 저것과 똑같은 생각을 이미 했는데……"

그러나 중요한 것은 상상한 아이디어를 밀어붙이는 힘이다. 카메론이 팔리지 않는 시나리오를 들고 될 때까지 영화사의 문을 두드리면서 돌아다녔던 것처럼 말이다.

"별로야, 가능성이 없어 보여."라고 말할 때,

"정말 그런가?" 하며 묻어 버릴 것인가? 아니면,

"언젠가는 보여 주겠어." 하며 밀어붙일 것인가?

창의적인 힘은 단순히 생각이 기발한 데 있지 않다. 진짜 창의적인 사람은 꿈을 이뤄 가는 과정 중에 튀어나오는 장애를 장애로 보지 않고 긍정적인 의미를 부여하면서 견디는 힘이 있다. 눈에 보이는 대로만 장애를 보지 않고 긍정적인 의미로 새롭게 재해석하는 것이다.

나만의 판도라 행성을 찾아라

영화처럼 우리의 꿈도 상상의 산물이다. 자신이 상상하는 방향대로 이뤄지게 되어 있다. 그러나 먼저 꿈을 꾸어야 꿈을 이룰 수 있다. 그런데 우리는 종종 제대로 꿈을 꾸지도 않으면서 뭔가가 현실 속에서 이뤄지기를 기다리고만 있다. 나만의 꿈, 나만의 판도라 행성을 상상해야 그런 세계가 내 인생에서 이뤄질 수 있다. 무조건 남보다 더 앞서 나가는 것을 목표로 하는 것보다 나 자신에게 주목해야 한다.

카메론은 누군가와 경쟁하기보다는 자신이 원하는 세계를 끊임없이 상상하고 창조해 갔기 때문에 영화로 전 세계 사람들의 마음을 사로잡을 수 있었던 것이다. 그가 한국을 찾았을 때 한 기자가 물었다.

"누가 당신의 가장 큰 경쟁자입니까?"

그는 이렇게 웃으며 말을 이어나갔다.

"나는 나 자신과 경쟁합니다. 이제까지 내가 이룩한 것, 또 내가 추구하는 것의 수준에 부합하기 위해 나와 경쟁하는 것입니다."

그의 경쟁상대는 자신이었다. 그리고 끊임없이 자신의 낡은

세계를 깨고 새로운 세계를 추구하면서 창조해야 한다고 말한다. 대가들은 자신들이 추구하는 세계를 향해 전력 질주한다. 옆 사람과 자신을 비교하고 경쟁하느라 에너지를 낭비할 시간이 없다. 어떤 분야든 자신의 세계를 끊임없이 추구하고 노력하다 보면 어느새 대가가 되어 있다. 경쟁해서 이긴 것이 아니라, 자신에 주목했기 때문에 남보다 많이 발전할 수 있었던 것이다. 제임스 카메론은 〈아바타〉 1편에 머물러 있지 않고 〈아바타〉 후속편을 계획하고 있다. 또다시 새로운 세계를 창조하려는 것이다. 세계적인 대문호인 독일의 헤르만 헤세는 『데미안』이라는 작품에서 이렇게 말했다.

"새는 알을 깨고 나온다. 태어나려는 자는 하나의 세계를 파괴하여야 한다."

익숙한 세계는 편안하다. 그러나 새로운 길은 우리를 긴장시키고 힘들게 한다. 뭔가를 이루고 싶어도 익숙한 자리에 머물러 있다면 아무것도 달라지는 건 없다. 꿈을 이루려면 익숙하고 편안한 자리를 박차고 일어나야 한다.

내일의 나를 상상해라. 새로운 꿈을 꾸어라. 그리고 그것을 이루기 위해 익숙하고 편한 자리를 버리고 새로운 길을 향해 떠나라.

내 몸은 남과 다른 소망을 꿈꾼다

"무언가를 소망하라. 그 소망을 쪽지에 적어라.
쪽지를 접어 소망의 나뭇가지에 매달아라.
나뭇가지가 온통 소망으로 뒤덮일 때까지 소망하기를 멈추지 마라."
— 오노 요코(전위예술가)

내가 마녀라고? 표현하고 있을 뿐인데

세상 사람들은 오노 요코를 존 레논의 눈을 멀게 하여 비틀즈를 해체하게 만든 마녀라 불렀다.

1966년 11월, 전위예술가인 요코는 런던의 인디카 갤러리에서 전시회를 준비하고 있었다. 사다리를 타고 올라가 벽의 열린 틈에 있는 작은 글씨를 돋보기로 들여다보는 작품이 존 레논의 눈에 들어왔다. 그가 사다리를 타고 올라가 틈을 보니 놀랍게도 그 안에는 'Yes'라는 작은 글씨가 새겨 있었다. 존 레논은 신선한 충격을 받았고 삶에 대한 긍정을 외치고 있는 요코에게 끌렸다. 존 레논은 관객이 직접 못을 박는 '못을 박기 위한 페인팅'에도 관심을 보였다. 그는 직접 해보고 싶었지만 요코는 전시회가 오픈하면 그때 해보라고 말했다. 존 레논이 몹시 실망스러운 표정을 짓자 요코가 다시 덧붙였다.

"그럼 5실링을 내고 못을 박아 보시죠."

"그럼, 내가 눈에 보이지 않는 5실링을 낼 테니, 당신은 내가 상상의 못을 박도록 허락하면 됩니다."

레논은 못을 치는 시늉까지 해 보이며 이렇게 응수했다.

요코에게는 남들이 가지지 못한 열정적인 예술혼이 있었다. 젊지도, 아름답지도, 육감적이지도 않은 요코였지만 존 레논은 운명적인 사랑에 빠졌다. 세계적인 팝 스타 비틀즈의 멤버 존 레논은 늘 이렇게 말했다.

"주변에 예쁜 여자는 많았지만 나와 예술적인 온도가 맞는 여자는 요코뿐이다!"

요코[洋子]. '대양의 아이'란 이름을 가진 그녀는 평생 파격을 추구한 예술가였지만 동시에 어떤 상황에서도 삶을 긍정하는 여자였다. 자신만의 독특한 방식으로 느끼고 표현하고 인생을 받아들였다.

"인생 자체가 '예스'입니다. 긍정적이란 뜻이죠. 세상에 대해,

YES

인생에 대해, 사랑에 대해, 평화에 대해 예스라고 말하겠습니다. 예스!"

존 레논은 그런 그녀를 사랑한 것이다. 존 레논과 오노 요코의 결합은 단순히 남자와 여자의 결합을 뛰어넘는 의미를 가졌다. 그것은 두 예술세계의 결합이었다. 그들은 늘 깜짝 퍼포먼스를 선보이며 함께 활동했다.

언제나 새로운 세계를 찾아

오노 요코는 일본의 부유한 은행가 집안의 딸이었다. 그러나 그러한 환경은 오히려 그녀에게 족쇄였고 그로부터 벗어나려는 저항감이 예술적 감수성을 더욱 부채질했다. 아버지는 그녀가 피아니스트가 되기를 원했지만 요코는 그 길을 원치 않았다. 아버지의 뜻에 따라 성악을 공부하기도 했지만 오래가지 못했다. 늘 새로운 것을 원하던 그녀는 가쿠슈인대학교 철학과에 입학했지만 그 역시 오래가지 못했다. 철학은 그녀의 넘치는 끼를 모두 채워 줄 수 없었다. 결국 2학기만 겨우 마친 후 자퇴해 버렸다. 그녀는 좀 더 역동적인 미지의 세계를

소망했다.

1953년, 요코의 아버지가 도쿄 은행 뉴욕지점장이 되면서 가족이 뉴욕으로 이사를 가게 되었다. 그것은 하나의 기회가 되었다. 그녀는 그곳에서 다양한 예술인들을 만나 교류하면서 본격적으로 예술에 눈을 떴다.

존 레논과의 결혼생활 역시 퍼포먼스의 연속이었다. 결혼 후 첫 퍼포먼스는 '베드 인'이었다. 두 사람은 언론에 자신들의 베드 인 퍼포먼스를 미리 광고했다. 기자들은 존과 요코가 침대에서 브라운관 스타들처럼 화려하고 섹시한 그 무엇을 보여 주리라 기대했다.

"존 레논과 오노 요코의 침대를 공개한다!"

그러나 두 사람은 속살이 하나도 드러나지 않은 너무나 경건한(?) 차림으로, 암스테르담이 한눈에 내려다보이는 힐튼 호텔 7층에서 기자들을 기다리고 있었다. 이 신혼부부는 침대에서 계속 대화를 나눌 뿐이었다. 기자들이 물었다.

"침대에서 무엇을 하고 있는 건가요?"

"우리는 평화를 위해 노력하고 있는 중입니다."

반전과 평화의 메시지를 담은 정치적인 퍼포먼스를 벌인 것이다.

이것은 시작에 불과했다. 그들은 늘 세상을 깜짝 놀라게 하는 퍼포먼스를 선보였다. 존 레논의 뮤즈는 요코였고 존 레논은 요코의 또 다른 자신이었다. '예술적 온도'가 잘 맞았던 두 사람은 계속해서 예술활동을 벌여 나갔고, 존 레논이 죽은 지 18년이 지난 1998년에도 요코의 톡톡 튀는 예술활동은 계속되었다. 영국 옥스퍼드에서 시작한 〈최근 지평선을 본 적이 있나요(Have You Seen A Horizon Lately)〉라는 기획전이 독일 뮌헨의 빌라 스투크(Villa Stuck) 미술관에서 열리고 있을 때 그녀는 전시장 앞에 커다란 소망나무(Wish Tree)를 세워 놓았다.

어린 시절, 그녀는 사원에 갈 때마다 작은 쪽지에 소원을 적은 다음 나뭇가지에 매달곤 했다. 일본에서는 일상의 모습이었다. 사원 안의 나무에는 언제나 쪽지가 가득 달려 멀리서 보면 흰 꽃들이 활짝 피어 있는 것처럼 보였다. 요코는 어린 시절의 기억을 작품에 반영한 것이다. 전시가 진행될수록 소망나무는 흰 종이들로 가득 채워졌다. 요코는 관객들에게 이렇게 말했다.

"내 작품은 전부 소망의 한 형태입니다. 모두 작품에 참여해 주세요. 그리고 소망을 버리지 마세요."

이 전시는 큰 호평을 받았고 존 레논의 아내로만 인식되던

요코의 예술이 독자적으로 우뚝 서는 계기가 되었다. 그녀의 작품은 늘 세상을 놀라게 했지만 항상 존 레논의 아내라는 그늘에 갇혀 있었고, 제대로 된 평가를 받지 못했었다. 그러나 이제 마녀는 완전히 사라졌다. 남과 다른 자신을 치열하게 표현해 온 예술가만 그 자리에 있을 뿐이었다.

어제의 나를 부숴라

요코는 늘 과거를 부수고 새로운 세계를 창조하여 세상에 내놓았다. 존 레논을 만나기 전에도, 존 레논을 만난 후에도 새로운 세계를 추구하였다. 존 레논이 죽자 그녀는 분신을 잃은 큰 슬픔에 빠져 이렇게 말했다.

"가끔은 그의 죽음이 꼭 꿈만 같아요. 존은 나를 감싸는 커다란 우산이었어요. 나는 이제 그를 그리워하는 모든 사람을 사랑합니다. 혼자서 꾸는 꿈은 그저 꿈에 불과해요. 하지만 함께 꾸는 꿈은 현실이 됩니다."

그러나 요코는 존 레논과 만들었던 세계에 계속 머물러 있지는 않았다. 함께 만든 그들의 예술세계를 부수고 독자적인 예술세계를 창조하여 재평가받았다.

살아 있다는 것은 변화한다는 것이다. 언제나 과거의 모습과 똑같이 머무르기만 한다면 기회는 오지 않는다. 어제의 습관, 어제의 생각, 어제의 인생을 파괴해야 한다. 우리는 똑같은 방식을 반복하면서 '열심히 하고 있다'는 자기만족에 종종 빠진다. 그리고 '이렇게 열심히 살고 있는데 왜 만날 제자리걸음일까' 하고 나의 꿈을 쓸쓸하게 바라본다.

요코처럼 예술 분야에서만 창조가 필요한 게 아니다. 꿈을 이룬 사람들은 하나같이 끝없이 자신의 모습들을 파괴한 사람들이다. 어제의 나를 파괴하고 새로운 방식으로 다시 태어나야 한다. 무엇이 문제인지, 나의 한계가 어디인지 자기 분석을 통해 그것을 개선하는 것이야말로 새로운 나를 창조하는 것이다. 파괴는 곧 '창조'가 된다. 아무런 변화가 없다면 고인 물이나 마찬가지다,

진도에서 나고 자란 친구가 있었는데 처음 서울에 올라왔을 때 가장 이상스러운 풍경 중 하나가 수산시장이었단다.

"서울 사람들은 왜 죽은 생선을 보고 싱싱하다고 하는 거야?"

　그렇다. 우리는 왜 이제까지 죽은 생선을 보고 싱싱하다고 했었을까? 죽은 지 얼마 지나지 않아서 아직 싱싱하다는 말인가? 그래 봤자 죽은 건데 왜 싱싱하다고 억지를 부렸을까?

　우리는 지금 죽어 있는 열정, 죽어 있는 꿈을 보고 싱싱하다고 우기고 있지는 않은가. 타성에 젖어 흘러가는 대로 온몸을 맡기고 있으면서 간절히 무언가를 소망하고 있는 척, 열심히 땀 흘리고 있는 척하는 것은 아닐까. 우리는 진짜 살아서 펄떡이는 싱싱한 생선처럼 펄떡여야 한다.

　아무리 주변 환경이 우리의 기를 꺾으려 해도 우리는 스스로 살아서 펄떡일 수 있다. 아무도 꿈꿀 자유까지 빼앗아 갈 수는 없다.

　불합리하고 불평등한 제도가 올바른 방향으로 개선될 때까지 기다릴 수는 없다. 세상이 달라지려면 수십 년, 아니 수백 년이 흘러간 후가 될지도 모르는 일이다. 그걸 기다렸다가는 우리는 이미 늙고 흙으로 돌아가 있을 것이다. 세상이 변하기를 기다리지 말고 스스로를 살려야 한다. 싸우는 수밖에 없다. 세상을 향해 핏대를 세우고 비판하라는 게 아니라 나 자신의 꿈을 향해 싸워야 한다는 뜻이다. 먼저 파괴해야 하는 건 모순에 가득 찬 세상과 사회가 아니라 우리 자신이다.

Chapter 3
마음의 선택
내 마음의 지도를 따라가라

내 꿈을 향해 놀이처럼 승부한다

"하루에 한 시간을 제대로 못 잔 적도 많다.
모든 스케줄이 끝나고 새벽 세 시가 되어서야 첫 끼를 먹은 적도 있다.
그런데 이상하게도 기분만은 날아갈 것 같다. 스스로도 의아할 정도다.
혹시 내가 변태인 걸까? 몸이 피곤할수록 흐뭇하니 말이다."

– 빅뱅(아이돌 스타)

가수가 되고 싶어요, 허락해 주세요!

'가수라니…….'

사춘기 아들의 일시적인 방황이라고 생각했던 일탈. 그런데 2년이 넘게 계속되었다. 그냥 노래를 하고 싶다는 것도 아니고 기획사까지 들어가겠다고 난리를 부리니, 가수를 고집하는 아들과 그걸 반대하는 아버지 사이에는 누구도 끼어들 수 없는 신경전이 팽팽하게 계속되었다. 그럴수록 아들의 반항은 더욱 거세졌다. 말리면 더 하고 싶은 게 사람 마음인지, 아들은 절대로 가수의 꿈만은 포기할 수 없다는 자기 노선을 분명히 했다.

"태권도, 합기도, 축구까지, 내가 하고 싶다는 건 다 시켜 주셨잖아. 그런데 왜 가수만 안 된다는 거야?"

대성은 애꿎은 누나에게 이렇게 불만을 토해 내곤 했다. 그러나 불같은 성미의 아버지라는 산을 넘기는 쉽지 않았다.

"짐 싸라, 아비가 안 된다고 하는데도 그렇게 네 멋대로 하고 싶으면 나가서 해라. 나가!"

결국 내쫓김을 당할 위기까지 처하게 되었다. 그러나 당장 먹고살 곳도 없는데 쫓겨나는 일만은 피해야 했다. 대성은 꼬리를 내리고 아버지의 마음을 열고 들어가려 노력했다.

'도대체 어떻게 하면 아버지를 설득하고 내 꿈을 인정받을 수 있을까? 아버지 뜻을 거역하는 건 가슴 아프지만 그렇다고 내 꿈을 포기할 수는 없지 않은가?'

어딘가 모자란 듯한 미소에 귀여운 눈웃음으로 SBS 예능 프로그램 〈패밀리가 떴다〉의 화면을 따뜻하게 채웠던 대성의 데뷔 시절에는 이런 투쟁의 사연이 숨겨져 있었다. 늘 해맑게 웃기만 할 것 같은 대성도 자신의 꿈 앞에서는 숨겨 놓았던 발톱을 드러내는 수사자였던 셈이다. 결국 "그래, 방송국이든 어디든 한번 다녀 봐라. 네가 제대로 쓴맛을 봐야 정신을 차

리지.” 하는 아버지의 반승낙을 받아 낼 수 있었다. 그리고 얼마 후 꿈에 그리던 YG엔터테인먼트에서 오디션을 보고 빅뱅 멤버로의 길을 걷게 되었다.

그러나 자신이 원하는 길로 들어섰다고 장밋빛 시간들만 계속되는 건 아니었다. 배울 게 너무 많았다. 이미 6년 넘게 준비해 온 지용과 영배에 비하면 뒤늦게 합류한 대성은 한참 모자랐다. 발바닥에 불이 나도록 뛰며 연습하는 시간들이 시작되었다. 그것은 서바이벌 게임이었다. 튀는 놈은 멤버로 발탁이 되고 모자란 놈은 떨어져서 집으로 돌아가야 하는 서바이벌 게임. 발탁에서 제외되면 가수의 길을 또 어떻게 열어가야 하는지 걱정에 숨이 턱 막혔다. 열여덟 소년의 가슴은 희망과 두려움으로 뒤엉키고, 온몸은 매일 수고와 노력의 땀으로 흠뻑 젖어들었다.

빅뱅의 멤버로 발탁되고 왕성한 활동을 하며 유명세를 떨치게 된 다음에도 서바이벌 게임은 계속됐다. 누구를 이기기 위해서라기보다 꿈을 향해 스스로를 몰아세워야 하는 긴장의 서바이벌이었다.

“밥 먹는 시간, 잠자는 시간을 줄이고, 어떻게든 짜낼 수 있는 시간은 모조리 짜내서 연습에 임했어요. 시간과의 싸움은

힘들었지만 그렇다고 시간만 탓하며 앉아 있을 수는 없었으
니까요."

꿈을 위해서라면 주변의 시선조차 즐겨라

"승현(빅뱅 멤버 승리)이 너는 안 되겠다. 가수로서 필요한 재
능도 있고 춤을 잘 추는 거는 알겠는데, 지금 나는 댄서를 뽑
는 게 아니라 가수를 뽑는 거잖아. 그런 면에서 넌 조금 모자
랐어."

양현석 대표의 냉정하고 정확한 평가가 승리의 머리를 내리
쳤다.

'여기서 집으로 돌아가라고요? 가수의 꿈을 접고 모든 걸
포기하고 원점으로 돌아가 나 혼자 다시 시작해야 한다고요?'

다리가 후들거리고 억울한 마음마저 들었다. 인정하고 싶진
않았지만 정확한 평가에 함부로 항의를 할 수도 없었다. 다행
스럽게도 양현석 대표의 한마디가 한 오라기의 희망이 되었다.

"해보겠다는 의지가 있으면 멤버들의 연습이 끝난 후 새벽
에 혼자 나와서 연습하는 것까지는 뭐라고 안 할게. 다시 붙

을 가능성은 10퍼센트도 안 되지만 눈곱만큼 가능성을 열어 두는 거다."

고민하고 말고 할 여유도 없었다. 고민하는 시간조차 아까웠다. 무조건 잘할 수 있는 노래 하나를 정해서 죽어라고 파는 수밖에 없었다. 듣고 또 듣고, 수백 번도 넘게 한 노래를 들으면서 따라 불렀다. 그 노래만 듣고 부르고 연구했다. 다른 형들이 연습을 마친 새벽 시간, 연습실에서, 집에서, 길거리에서, 어디를 가든지 노래를 불렀다. 타샤니의 〈하루하루〉란 곡의 악보는 며칠 사이 너덜너덜해졌다. 노래가 자기 같고 자기가 노래 같이 느껴졌다. 그런 그를 혐오스럽게 쳐다보는 사람들도 있었다. 한번은 노골적으로 화를 내는 사람도 있었다.

"학생, 시끄러워! 시끄럽다고!"

그런데 욕을 먹어도, 이상스런 시선이 꽂혀도 창피하지 않았다. 오히려 더 힘이 나고 오기가 생겼다.

'괜찮아. 이 정도쯤이야 아무렇지도 않아. 할 거야. 해낼 거라고! 지금은 나를 미친 사람처럼 바라보지만 언젠가는 감탄 어린 눈으로 볼 날이 올 거야.'

승리는 이렇게 마음속으로 주문을 걸었다. 스스로에게 자신감을 불어넣었다. 내가 나를 믿지 않으면 누가 나를 믿어 주겠는가. 그건 주문이라기보다는 자신과의 약속이었다. 언젠가는 남들이 우러러볼 만큼 실력을 갖춘 멋진 가수가 되고야 말겠다는 자신과의 약속! 내가 내 꿈을 위해서 미치도록 해보겠다는데 그까짓 남들의 반응 따위가 대수겠는가.

빅뱅의 막내 승리는 이렇게 가수가 될 수 있었다. 멤버에 발탁되지 못할 위기에 처했지만 오뚜기처럼 다시 일어나서 테스트를 통과한 것이다. 지금은 가수활동은 물론이고 뮤지컬, 영화, MC 등 다양한 분야로 진출한 스타가 되었다. 가수의 꿈을 위해 접었던 학업도 검정고시를 거쳐 중앙대학교에 진학했다. 여러 가지 일을 하면서 힘들지 않을까 싶기도 하지만 정작 승리 본인은 이렇게 말한다.

"물론 힘들어요. 하루에 한 시간도 제대로 자지 못한 적도 많았죠. 모든 스케줄이 끝나고 새벽 세 시가 되어서야 첫 끼를 먹은 적도 있었습니다. 그런데 이상하게도 기분만은 날아갈 것 같았어요. 스스로도 의아할 정도로요."

성공보다는 행복한 열정을 꿈꿔라

빅뱅의 대성과 승리는 가수 활동을 위해 고등학교를 자퇴하고 치열한 길을 달려와 성공적인 결과를 거두었다. 또 거기서 머무르지 않고 부족한 공부를 마무리하고 더 나은 미래를 위해 검정고시에 응시해서 합격했고 승리는 중앙대학교에 들어갔다. 남들과는 다른 길을 선택한 젊음이지만 그들은 자신들의 꿈과 생생한 열정이 있기에 행복하다. 놀이본능에 충실한 길을 선택했기 때문이다.

잘하는 것은 즐기는 것만 못하다. 열심히 하는 사람은 즐기는 사람을 이길 수 없다. 공부하기 싫어하는 사람이 억지로 책상에 앉아 있다고 공부가 되는 것이 아니다. 물론 공부라는 건 무한한 인내와 자신과의 싸움이기 때문에 즐기면서 하기란 쉽지 않다. 공부에서 즐거움을 느끼는 '공부본능'이 있는 사람들이나 가능한 일이다.

춤추고 노래하는 걸 즐거워하는 본능을 가진 사람을 공부 잘하는 모범생으로 만들 수 있겠는가. 자신의 놀이본능에 충실해라. 그것이 나의 유전자를 편안하게 해 주는 일이고, 결과적으로 나의 진로 또한 밝아지는 일이다.

무엇을 하며 놀 것인지를 고민해라. 놀이가 일이고 일이 곧 놀이가 되는 그런 꿈을 꿔라. 그래야 내 인생도 살고 내 꿈도 산다. 일과 놀이가 따로따로인 삶, 하루 종일 먹잇감을 얻기 위해 억지로 일하고 또다시 나의 영혼과 감성을 위해 다른 취미활동을 하면서 스트레스를 풀어야 한다면 얼마나 지루한 삶이겠는가? 내가 즐길 수 있는 일 속에서 즐거움과 쾌감을 느껴야 창의적인 생각과 창의적인 성과가 나온다.

왜 김연아가 김연아가 되고 신지애가 신지애가 되었을까? 그들은 자신들의 놀이본능에 충실한 선택을 한 후 피 터지게 노력하고 훈련했기 때문이다. 놀이본능과 다른 엉뚱한 진로를 선택했다면 그렇게 빛나는 별이 될 수 있었을 리 만무하다. 김연아가 골프를 하고 신지애가 피겨 스케이팅을 하는 모습을 상상해 보라. 언뜻 생각해도 그림이 안 나온다.

내 안의 놀이본능으로 승부할 수 있는 길을 가야 승산이 있다. 아무리 좋고 안정적인 일이라고 해도 내 놀이본능에 맞지 않는 길로 가서는 자신의 능력을 최대한 끄집어낼 수 없다. 그러니 아이들처럼 놀이본능과 치열하게 맞붙어 봐라. 무언가를 발견해 낼 때까지 말이다. 장난감을 빼앗긴 아이가 얼마나 처절하게 떼를 쓰고 우는지 생각해 봐라. 장난감을 빼앗긴 아이도 제 것을 갈망할 줄 아는데, 왜 꿈을 스스로 버리고도 울지 않는가. 내 구미에 딱 맞는 장난감을 손에 쥐어야 아이는 자신의 놀이에 집중할 수 있는 법이다.

물론 어떤 길을 가더라도 쉽고 여유 있게 할 수 있는 일은 이 세상에 없다. 그런 식으로 한다면 어떤 분야에서든 도태되고 말 것이다. 가수를 택하든, 피아노를 택하든, 작가의 길을 택하든 자기가 택한 길 위에서는 잠도 줄이고 쉬는 시간도 줄이고 일상의 다양한 즐거움들을 포기하고 매진해야 한다. 빅뱅이 무대에 오르기 전 흘린 땀과 노력의 시간들을 생각해 봐라. 그건 서울대를 목표로 한 학생이 밤잠 줄여 가며 공부하는 것과 마찬가지다.

그러나 단지 빡빡한 학교생활이 너무 싫어서, 혹은 그러한 생활이 나의 인성을 말살하는 것 같다는 감정적인 스트레스 때문에 무조건 공부가 나의 길이 아닌가 보다고 생각하는 건 오판이다. 어떤 길을 가도 빡빡하고 힘들다. 편한 길을 찾는 게 아니라 기꺼이 고생할 수 있는 길을 발견해야 한다. 고생스러움을 기꺼이 감수하고 싶을 만큼 나의 놀이본능과 부합하는 길을 찾아야 한다.

사랑하는 사람이 생기면, 그 사람과 함께라면 힘든 일도 기

꺼이 감수할 용의가 우러나온다. 몸은 힘들어도 마음만은 사랑의 기쁨에 설렐 수 있다. 부모에게 자식이 그러한 존재고 연인에게 연인이 그러한 존재다. 나에게 그런 사랑의 존재가 될 수 있는 꿈, 그것이 나의 놀이본능에 맞는 길이다.

단순한 성공을 꿈꾸지 말고 마음이 오래도록 행복한 열정으로 가득 찰 수 있는 일을 꿈꾸어라.

가슴이 이끄는 길로 가라

"그대가 그대 인생의 주인이다. 누구나 가슴속에
청춘이 숨어 있다. 잡다한 꿈들을 모두 버리고 오로지 한 가지 꿈에
순정을 바칠 결심을 하라. 평생을 바쳐도 아깝지 않은 꿈……
그러한 꿈 하나를 찾을 수만 있다면
그것으로 크나큰 가치를 인정받을 수 있다."
– 이외수(소설가)

돼지는 꿈꾸지 않는다

여름이면 그의 몸에는 이가 득실거렸다(이는 머리나 몸에 기생하며 알을 까고 번식하는 벌레이다. 지금은 찾아보기 힘들지만 과거 가난하던 시절 어른들은 애들을 눕혀 놓고 이를 잡아 주곤 했다). 그런 몸으로 춘천 시내에 나가 아는 사람이 지나가면 달려가 20원씩 동전을 구걸하여 번데기를 샀다. 당시 20원어치 번데기는 지금의 100원어치 분량. 그 번데기를 조금씩 아끼고 아끼며 하루치 식량을 대신했다. 때로는 삶은 감자 한두 알을 살 때도 있었다. 그리고 푸석대는 감자를 신주단지처럼 조심스럽게 쪼개고 쪼개어 하루 동안 일용할 양식을 만들었다. 그러나 입에 풀칠을 할 수 있는 하루는 너무 금세 지나가고 다음날은 굶어야 했다. 매일 거리에 나가서 똑같은 사람들에게 돈을 구걸할 수는 없었기에 며칠에 한 번씩 구걸을 했다.

그러나 친구나 후배들의 신세를 지는 것도 한두 번이지, 번데기나 감자를 먹기 위해 20원을 구걸하는 것도 도저히 할 수 없었다. 밤이면 벽돌공장으로 숨어들어 가 벽돌을 대충 쌓고 찬바람을 막으며 자곤 했다. 시외버스 터미널 대합실 안의 벤치를 구할 수 있는 날은 운이 좋은 날이었다.

한두 달도 아니고 몇 년을 그렇게 살았다. 그러던 어느 날, 후배의 도움으로 작은 방을 구할 수 있었다.

"걔네가 빚 때문에 급한 사정이 있어서 내가 도와주는 셈 치고 그 집 방 하나를 전세 냈어요. 근데 내가 그 방에 들어가 살 상황이 아니라서…… 그냥 형이 들어가 지내요. 찬바람은 막을 수 있잖우. 그 집도 죽 한 그릇 맘껏 먹지 못하는 형편이니 형의 먹이는 형이 구하고. 아궁이도 망가진 지 오래니 불도 들어오지 않아요. 그래도 두꺼운 이불이 하나 있으니 그걸 덮고 겨울을 나요. 거리로 도는 것보다는 훨씬 낫잖아요. 거기서 멋진 글이라도 한번 써 봐요."

하긴 밖으로 돌다간 한겨울에 얼어 죽을 판이었다. 그래서 불도 들어오지 않는 냉방에서 이불 하나에 의지한 채 긴 겨울밤을 보냈다. 그것도 황홀한 여건이었다. 가끔 주인집 아주머니는 굶다가 지쳐 잠이 든 듯 누워 있는 그를 들여다보고 이렇게 말했다.

"보아하니 매일 굶는 모양인데 보리쌀 한 톨이라도 있어야 나눠 먹지. 우리도 이 많은 식구가 굶기를 밥 먹듯이 하는 형편이니……. 그렇게 며칠째 방 안에 틀어박혀 조용하면 혹시 굶어 죽었나 덜컥 겁이 나네. 정말 그렇게 굶어야 글이 써진다니 하여튼 참 별난 사람이구만."

밥을 먹어 본 지는 오래였다. 이렇게 굶으면서도 살 수 있다는 게 신기했다. 좁은 방 한구석에는 찢어진 원고지만 가득했다.

사람은 빵만으로는 살 수 없다고, 예수가 외쳤던가. 그도 그렇게 생각했다. 하지만 너무 배가 고팠다. 너무 추웠다. 죽어 버리고 싶었던 순간도 있었다. 그러나 그렇게 비굴하게 주어진 인생에서 도망칠 수는 없었다.

사람은 빵만으로는 살 수 없지만 고뇌할 수 있는 존재이기에 그는 밥을 굶으면서도, 추위에 떨면서도 살아남아야 했다. 비록 애끓는 가슴에는 '참 개 같은 인생이여, 이 빌어먹을 인생이여!' 하며 한탄도 했지만 또 한편으로는 세상을 놀라게 할, 사람들의 가슴을 적셔 줄 좋은 글 한 줄을 쓰고 싶었다. 그 열정으로 살아남아야 했다.

비틀거리며 거리를 오가다가 만나는 친구나 후배들은 인사 대신 "아직도 살아 있수? 참 질기기도 하오." 하며 안타까움과 답답함이 섞인 농담 아닌 농담을 던지곤 했다. 그때마다 그는 생각했다.

'인생이 빵만으로는 살 수 없는 거 아니냐. 먹고사는 문제에만 치여서 인생을 송두리째 저당 잡히고 살 수는 없는 거 아니냐. 내 꿈을 포기하고 내 감성을 죽여 버리고 돼지처럼 살 수 없지 않느냐. 돼지에게 낭만이 있는 걸 봤냐. 개네들이 고뇌하는 걸 봤냐. 오직 먹이에만 연연하는 게 돼지의 본능이거늘, 사람이 어떻게 먹고사는 일에만 연연하고 살랴.'

이외수. 그에게는 이토록 치열하고 비참한 그러나 너무도 눈물겹게 찬란한 젊은 시절이 있었다. "어려운 형편에 가까스로 목숨을 부지할 수 있었던 것은 파먹을 원고지 뒷면이라도 남아 있었기 때문"이었다. 아니, 그의 가슴속에는 세상 사람들이 잘 먹고 잘사는 길이라고 말하는 길을 다 제쳐 두고 내 꿈 하나 지키려는 열정이 있었기 때문이었다.

DREAM

젊은 시절 순수한 열정에 미쳐라

이외수는 7년이나 다닌 춘천교육대학교를 내팽개쳤다. 술과 방황을 거듭하는 와중에 학비를 댈 수 있는 상황조차 되지 않았기 때문이었다. 그리고 기나긴 굶주림과 고통의 세월들을 보내게 되었다.

"제대로 학교를 다녔으면 벌써 선생님 소리를 들었을 게 아니야. 이게 무슨 꼴이야. 정말 네가 인간이라면 시장판에서 꼴뚜기라도 팔아서 살 길을 모색해야지. 제발 정신 좀 차려라."

몇 년째 거지처럼 사는 그를 보고 사람들은 이렇게 비난했다. 그러나 국민학교(지금의 초등학교) 선생도, 시장판에서 장사하는 것도 자기가 할 일이 아니라는 생각만은 확실했다. 한때 화가 지망생이었던 그는 소설을 써 보리라 마음을 굳히고 원고지를 붙잡고 가난을 버텼다. 인간이 오직 먹고살기 위해서 목숨을 부지해야 하는 존재는 아니라는 생각은 더욱 확실해질 뿐이었다. 남들처럼 먹고사는 문제에 현실을 저당 잡혀서 살기는 싫었다. 그러나 남들처럼 살지 않으려 할수록 치러야 하는 고통은 점점 더해 갔다.

1972년, 「강원일보」에 단편소설 『견습어린이들』이 당선되어 문단에 등단할 수 있었지만 가난은 한동안 계속되었다. 그런 세월 속에서 운명 같은 사랑도 만나서 결혼도 했다. 이십대에 시작한 거지 생활도 삼십대 중후반이 되자 굶는 날보다 입에 풀칠하는 날이 많아질 수는 있었다.

가족과 함께 지낼 방 하나도 마련했다. 그러나 아내가 임신했을 때 그 흔한 검진 한 번 받지 못하고 도와줄 사람 하나 구하지 못한 채 남자의 거친 손으로 첫아이를 직접 받아야 했다. 계속된 것은 가난만이 아니었다. 그의 가슴에 번뜩이는 열정도 가난과 함께 계속되었다.

"기다려라. 어떻게 해서든 일생에 단 한 번쯤은, 인간이 오직 먹고살기 위해서 살아 있는 것이 아니라는 사실을 반드시 보여 주고 싶다. 지금까지 내가 살아온 길은 나 자신에 대한 빚이면서 또 타인들에 대한 빚임에 틀림없다. 하지만 내게는 빚을 갚을 것이라는 확신이 있다. 내가 살아온 모든 나날들은 처절한 굶주림과 고통뿐이었지만 그것들 또한 나의 재산이므로 언젠가는 내 소설의 거름으로 썩을 것이다. 그리고 그것이 거름이 되어 단 한 그루의 나무라도 크게 하여 아름다운 열매를 익게 할 것이다. 나는 오직 그 희망이 있으므로 부끄러움을 무릅쓰고 아직까지도 살아 있다!"

힘든 시간들은 이제 모두 옛 추억이 되었다. 그는 이제 대한민국에서 제일 유명하고 인기 많은 국민작가가 되었으니 말이다. 그토록 혹독한 젊은 시절을 견뎌 낸 그는 말한다.

"자신의 재능에 비추어 실현이 불가능한 꿈은 분명히 개꿈이다. 갈피를 못 잡고 허구한 날 개꿈과 개꿈 사이를 오가는 사람들은 비교적 오래 백수로 살아야 할 확률이 높다. 거듭 말하거니와, 가급적이면 잡다한 꿈들을 모두 버리고 오로지 한 가지 꿈에 순정을 바칠 결심을 하라. 평생을 바쳐도 아깝지 않은 꿈, 그대와 연관된 모든 사람들을 행복하게 만드는 꿈. 그러한 꿈 하나를 찾을 수만 있다면 그것으로 크나큰 가치를 인정받을 수 있다."

귀를 기울이면 마음의 소리가 들린다

이외수는 누가 뭐라 해도 자신의 마음에서 들리는 소리에 집중했다. 인생의 길은 세상이 말하는 보편적인 것에 있는 것이 아니라 남들과 다른 나의 가슴에 있다는 것을 알고, 가슴

이 전하는 소리에 귀를 기울였다. 그랬기에 자신만의 꿈을 찾았고, 그 꿈을 믿었고, 남다른 성공도 거둘 수 있었던 것이다.

당신의 가슴속에도 당신만의 꿈, 당신만의 열정이 분명히 숨어 있다. 이외수의 말처럼 모두의 가슴에는 청춘이 숨어 있다. 다만, 누구나 쉽게 가슴속의 꿈을 발견하기는 어렵다. 가장 멀고도 가까운 것이 자기 마음이 아닌가. 정말 내가 원하는 게 뭔지, 정말 나의 꿈이 무언지 확신할 수 있는 사람은 그 자체만으로도 대단히 성공한 것이다. 확신이 없기에 그냥 남들이 가는 보편적인 길을 따라, 세상이 정해 놓은 안전해 보이는 길을 따라 수많은 젊은 영혼들이 몰려들어 피 터지는 경쟁을 감수하고 있는 것이다.

그러나 고뇌해 보자. 내 마음의 소리에 귀 기울여 보자. 고뇌 없이 무언가를 발견할 수는 없다. 고뇌가 없었다면 콜럼버스는 신대륙을 발견하지 못했을 것이고, 항해를 떠날 생각도 하지 않았을 것이다. 고뇌가 없었다면 알렉산더대왕도 세계를 정복하려 힘든 원정을 도모하지 않았을 것이다. 고뇌가 없었다면 헬렌 켈러는 그저 극도의 장애 속에 빠져서 아무것도 하지 못한 채 살다가 갔을 것이다. 그저 주어진 여건에 만족하고 살다가 가거나 주어진 시련에 빠져 버둥대다가 사라진 인생에 그쳤을 것이다.

고뇌는 마음의 소리를 듣기 위한 과정이다. 아무 생각도 없이 어제와 똑같은 오늘, 오늘과 똑같은 내일을 살아가는 사람에게는 꿈이 보이지 않는다. 꿈을 바라본다는 것은 정신적 내공이 필요한 일이다. 까치발을 하고 힘들게 서서 담장 너머의 세계를 바라보는 것처럼 설레고도 아스라한 일이다.

세상은 우리에게 좋은 대학을 가서 좋은 직장을 구하면 편하게 살 확률이 높다고 말한다. 그러나 조금 편하고 안정되기만 한 것이 우리가 바라는 행복은 아니지 않은가. 인생은 파란만장하고 변수로 가득 찬 도전의 세계라서 아무것도 내 인생을 담보해 줄 수 없다. 그러니 내 꿈을 향해 매달려야 하는 것이다. 내 꿈이 일류대학에 가는 거라면 공부에 미쳐야 하고, 내 꿈이 피아노를 치는 거라면 피아노에 미치고, 내 꿈이 글을 쓰는 거라면 글에 미쳐야 한다. 아무것도 꿈꾸지 않으면서, 아무것에도 미치지 못하면서 환경만을 탓하고 있는가. 현실과 환경에 안주한 채 사람들의 뒤만 따라갈 것인가. 끊임없이 나의 꿈이 무엇인지 생각하고 가슴이 전하는 소리에 귀를 기울이는 사람만이 꿈을 이룰 수 있다.

더 이상 머뭇거리지 말고, 세상의 소리에 휘둘리지 말고 가슴이 전하는 소리를 들어라. 앞날에 대한 막연한 두려움 때문에 세상의 길을 무조건 따라가기 전에 내 가슴이 전하는 소리를 먼저 들어라. 머리가 원하는 것에 연연하지 말고 내 영혼을 설레게 할 수 있는 마음의 지도를 스스로 만들어야 한다.

세상이 정한 길이
나의 길이 될 수는 없다

"가장 기쁜 것도 가장 슬픈 것도 무대에서였어요.
무대 위에서 모든 것을 쏟아내고 나면 한없는 자유를 느끼지만
무대에서 내려오면 알 수 없는 슬픔과 외로움이 밀려와요.
기뻐서, 또 슬퍼서 눈물이 나요."
– 진보라(재즈 피아니스트)

운명이 느껴지니? 그게 진짜 꿈이야

소녀는 어릴 때부터 음악이 좋았다. 3세 때 피아노, 5세 때 바이올린, 10세 때 장구를 배우기 시작하였다. 연극배우 출신으로 감수성이 풍부한 엄마는 어린 딸에게 다양한 경험을 선사했다. 그중에서도 음악은 소녀에게 따뜻한 친구였고, 소리 없는 위로였고, 자신과의 소통이었다.

그러나 그때는 몰랐었다. 음악뿐만 아니라 그림도 좋아하고 무용도 즐기는 등 예술적인 끼가 다분했던 소녀에게 음악은 단순히 즐거운 경험이었을 뿐 자신의 인생에서 어떤 의미를 지니는지 깊이 생각해 볼 문제는 아직 아니었으니까. 자라면서도 몰랐다. 남들보다 음악과 피아노에 더 관심이 많았지만 다른 소녀들과 똑같이 학교생활을 하고 학원도 다니는 평범한 길을 따라가고 있었으니까.

　중학교 2학년 여름방학을 앞둔 어느 날, 소녀는 평소처럼 음반가게에 들렀다. 한 음반이 눈에 들어왔다. 음반에는 피아노를 다 가릴 정도로 뚱뚱한 흑인 음악가가 서 있었다. 알 수 없는 호기심과 이끌림이 소녀의 마음을 흔들었다.
　"이 음반 좀 들려주세요!"
　잠시 후 흑인 음악가의 피아노 연주가 소녀가 선 공간을 가득 채우고 흘러나왔다. '자유를 위한 찬가'라는 노래였다. 피아노를 연주하고 있는 흑인 음악가는 재즈 피아노계의 거장이자 살아 있는 전설로 추앙받고 있었던 '오스카 피터슨'이었다. 지금은 이 세상 사람이 아니지만 소녀가 그의 연주를 들을 당시는 아직 살아 있었다. 파워풀한 연주가 소녀의 가슴을 파고들어 왔고 소녀는 온몸이 떨렸다. 오스카 피터슨의 연주는 마치 소녀에게 무언가를 강하게 호소하고 있는 것처럼 느껴졌다. 멍하니 서서 피아노 연주를 듣고 있던 소녀의 손가락이 자기도 모르게 움찔거리기 시작했다. 잠들어 있던 손가락에 생

Oscar Peterson

명을 불어넣는 듯 강렬한 멜로디에 소녀는 마음을 빼앗겨 버렸다. 소녀는 음반을 산 후 집으로 달려와 그 음악을 듣고 또 들었다. 멈출 수 없는 희열이었다.

'나도 이 사람처럼 연주하고 싶어. 나도 이런 거 하고 싶어. 너무 자유롭게 느껴져. 이렇게 피아노를 치고 싶어!'

피아노를 치고 싶다는 외침이 마음 깊은 곳에서부터 울려 퍼졌다. 오스카 피터슨의 '자유를 위한 찬가'가 소녀의 인생을 완전히 바꿔 버렸다. 소녀는 진짜 인생에 눈을 뜨게 된 것이다. 누군가를 만나는 것이 운명이라면, 소녀에게는 피아노를 만난 것이 운명이리라. 천재 재즈 피아니스트로 불리는 진보라의 길은 이렇게 시작되었다.

미치도록 피아노가 치고 싶어

한순간도 피아노를 떠날 수 없었다. 눈만 뜨면 피아노 앞에 앉았고 잠이 들 때도 피아노를 치다가 잠자리에 들었다. 오스카 피터슨의 음악에 푹 빠져서 다른 것은 아무것도 생각할 수가 없었다.

심지어 학교조차 갈 수 없었다. 아니, 가기 싫었다. 피아노 곁을 잠시도 떠날 수가 없고 끊임없이 건반을 눌러야만 자신이 살아 있다는 것을 느낄 수 있었다.

"오스카 피터슨의 '자유를 위한 찬가'가 제 인생을 바꿔 버렸습니다. 파워풀한 그의 음악에 운명적으로 끌렸고 완전히 푹 빠져 버렸죠. 나는 피아노에서 무언가를 끄집어내고 싶은 열망이 들었어요. 그래서 학교를 그만두려고 부모님을 설득했어요."

"엄마, 재즈 피아니스트가 될래요. 나는 피아노가 좋아요. 피아노가 내 전부에요!"

그녀는 마음의 소리를 따라 결단하였다.

"선생님, 저 학교를 그만둘래요. 부모님께서는 허락하셨어요. 나중에 후회할 거라고요? 하지만 피아노가 치고 싶어서 교실에 앉아 있을 수가 없어요."

진보라는 눈물을 뿌리며 교무실을 도망치듯 나왔다. 그러나 슬픔의 눈물은 아니었다. 마치 뜨거운 사랑이라도 고백한 양, 먼 항해를 앞둔 사람의 설렘과 두려움, 벅차오르는 감동, 그 모든 것들이 가슴속에서 물결쳤다. 그렇게 소녀는 학교 밖으로 격정적인 첫걸음을 뗐다.

그녀는 피아노를 위해 학업을 그만두었다. 음악을 가르쳐 주겠다고 하는 사람들은 많았으나 홀로서기를 선택했다. 아무런 선입견도 없는 자신만의 세계를 만들고 싶어서였다. 다만 서울재즈아카데미에서 3개월간 수학한 것이 전부였다. 그후 그녀는 '한전 아츠풀센터 콩쿠르'에서 우승해 '재즈신동'이란 별칭을 얻었다. 뿐만 아니라 '2001년 서울종합예술원 콩쿠르' 재즈부문에서도 1위를 거머쥐었다. 최근에는 공연, 방송은 물론 다양한 화보 촬영 등 연예인 못지않은 유명세를 누리고 있다.

거저 얻어진 것은 분명 아니었다. 타고난 천재라 하더라도 재능만으로는 아무것도 이룰 수가 없으니까. 재능은 재료일 뿐이다. 재능을 끄집어내기 위해서는 혹독한 훈련이 있어야 한다. 진보라 역시 그러했다. 유명한 재즈 피아니스트가 된 후 바쁜 스케줄과 다양한 활동을 하는 가운데서도 하루에 5시간 이상의 연습을 거르지 않는다. 세상 사람들이 감탄하는 그녀의 천재성은 피나는 연습에서 비롯된 것이다.

학교를 그만둔 다음부터 그녀는 피아노만 쳤다. 하루 종일 피아노를 칠 수 있다는 것은 그녀에게 더할 나위 없는 행복이

었다. 하루 종일 피아노를 치며 모든 감정을 연주로 표현할 수 있어 행복했고, 피아노를 치다가 지쳐 건반 위에 쓰러져 잠이 들곤 했다.

"때로는 평범한 학교생활이 그리워 옛날 교복을 꺼내 입고 피아노를 치다가 잠이 들기도 했어요. 떡볶이집에 가면 교복 입은 또래 학생들이 많을까 봐 잘 가지도 못했죠."

외로움도 그녀가 견뎌야 하는 몫이었다. 그러나 외로움도 혹독한 연습도 피아노를 미치도록 치고 싶다는 열망을 넘어설 만큼 강할 수는 없었다. 피아노를 사랑하기 때문에 다른 모든 고통은 견딜 수 있었던 것이다.

"나는 항상 치열하게 나 자신과 기 싸움을 끝내고 무대에 올라요. 나이와 위치를 잊어버리고 순수한 열정으로 나를 일으켜 세울 수 있으니까요. 왜소한 체격이나 업적과 상관없이 무대에서 솔직하고 당당하고 싶어요. 그래서 지금도 늦은 새벽 연습실에 앉아 있죠. 오늘처럼 스스로와 싸워 이겨야 한다는 생각을 할 때가 제일 좋아요."

'미치도록 하고 싶다'는 것은 하고 싶은 일을 위해 무언가를 포기하고 나를 바칠 용기가 있다는 마음이다. 새벽까지 연습실에서 외로운 싸움을 해도 지치지 않는 건 미치도록 하고 싶은 일을 하고 있기 때문이다. 무언가에 대한 사랑(열정 또는 몰입)은 힘든 과정까지도 견딜 수 있는 힘을 가지고 있다.

스스로 선택했다면 후회는 없다

아이가 자라서 세상에 눈뜨기 시작하면 자신의 인생에 대해서도 눈을 뜬다. 무언가 하고 싶고 되고 싶은 꿈이라는 건 어릴 적 가지고 놀던 그 어떤 장난감보다도 소중하고 그 어떤 놀이보다도 더 행복해야 한다. 그래서 우리는 세상에 눈뜰 때쯤 '나는 어떤 길을 가야 할까? 나는 도대체 어떤 꿈을 꾸고 싶은 걸까?' 고민한다. 그때 가장 귀 기울여야 하는 것은 바로 자신의 마음이 전하는 소리다. 세상에는 수없이 많은 길이 있다. 그러나 세상이 정해 놓은 길을 따라간다고 해서 성공과 행복이 보장되는 건 아니다. 눈을 제대로 뜰 수 없을 만큼 세상은 급변하고, 지금 대단해 보이는 일도 10년이 지나면 사양 길에 접어드는 일이 많이 있다. 지금 당장은 많은 이익을 보장해 줄 것 같은 일도 지나고 보면 별 볼 일 없는 일이 된다. 세상의 말만 믿고 소중한 나의 길을 결정하는 건 언뜻 보기에

는 안전해 보이지만 어리석기 짝이 없는 선택이 될 수 있다.

자신의 길을 선택할 때 가장 많이 비중을 두는 것이 적성이다. 적성에 맞는 길은 자신도 모르게 끌리게 마련이다. 자신의 DNA가 끊임없이 신호를 보내오니까 말이다. 그런데 적성에 맞는 일은 한 가지가 아니라 여러 가지가 있을 수 있다. 재능이 많은 사람이라면 여러 가지 일에 두각을 드러낼 수 있다. 진보라 역시 피아노, 바이올린, 장구는 물론 무용과 그림에도 재능이 있었다. 그러나 그녀의 길은 피아니스트였다. 운명을 느낀 길은 오직 단 한 가지, 피아노였기 때문이다.

물론 마음의 소리가 이끄는 길을 간다는 것은 언제나 혹독한 대가를 요구하기 마련이다. 진보라 역시 그러했다. 세상이 정해 놓은 길이 아닌 스스로가 선택한 길이기에 더욱 책임감이 따랐다. 열 손가락의 손톱이 모두 빠질 정도로 힘든 시간들을 견뎌 내야 했으니까 말이다. 그러나 그러한 고통보다도 더욱 분명한 것은 피아노를 사랑한다는 사실이었다.

"힘들어서 울었던 순간도 많았지만 결코 나의 선택을 후회한 적은 없습니다. 처음 피아노에만 집중하겠다고 결심할 때도 생각보다 어렵지 않았어요. 그것이 내 길이라는 확신이 들었으니까요."

비록 새로운 길을 개척하기 위해 남들보다 많은 짐을 지고 힘겨운 시간을 견뎌 내야 하더라도 스스로 선택한 길이라면 후회는 없다. 스스로 가장 진실하게 채울 수 있는 길을 선택한다면 싫증나거나 지칠 수가 없다.

"가장 기쁜 것도 가장 슬픈 것도 무대에서였어요. 무대 위에서 모든 것을 쏟아내고 나면 한없는 자유를 느끼게 되지만 무대에서 내려오면 알 수 없는 슬픔과 외로움이 밀려와요. 기뻐서, 또 슬퍼서 눈물이 나요."

진보라의 '피아노 사랑'이 선명하게 묻어나는 말이다. 그녀는 피아노에만 열정을 쏟기 위해 그 흔한 미팅 한번 하지 않았고, 술 한 모금도 입에 대지 않았다. 일상에서 누구나 즐기는 즐거움은 대부분 포기했다. 자신이 원하는 피아노를 위해서였다. 그렇지만 그녀는 즐겁게 웃으며 말한다.

"잃는 게 있어야 얻는 것도 있잖아요."

그녀가 음악의 소리에 맞춰 꿈을 향해 매진하고 있기 때문에 이렇게 말할 수 있는 것이다.

당신은 무엇의 소리에 맞춰서 전진할 것인가? 그리고 무엇이 당신의 꿈인가?

‘여기로 가라, 저기로 가라’ 하면서 온갖 정보와 트렌드 속에서 정해진 길이 아니라 내 마음의 지도를 따라가라. 세상이 정해 놓은 길로 따라가는 것이 쉬울지는 몰라도 내 가슴을 채울 수는 없다. 가슴을 채울 수 없는 길이라면 나의 꿈이 될 수 없다. 다른 사람의 꿈을 흉내 내는 것에 불과할 뿐이다.

내 인생의 내비게이션을 달아라

"그건 기차 안이었다네. 〈랩소디 인 블루〉의 멜로디가 처음부터 끝까지
번쩍하고 떠올랐지. 마치 악보에 적혀 있는 것 같았다네. 선율은 이미 마음에 있었어.
거대한 용광로와 같은, 다른 데서 찾아볼 수 없는 기운이랄까.
블루스라든지 도시의 광기 같은 것 말일세.
이미 나는 어떻게 곡을 써야 할지에 대한 명확한 계획이 서 있었던 거야."
– 조지 거슈인(음악가)

김연아가 선택한 '조지 거슈인'

2010년 밴쿠버 올림픽 때 「뉴욕타임스」 홈페이지의 메인 페이지에는 김연아가 태극기를 든 사진과 함께 다음과 같은 기사가 실렸다.

"여왕은 스케이트가 춤추도록 내버려뒀다. 눈물이 흐르는 것도, 여왕답게(The Queen let her skates flow. The Queen let the tears flow, Royally.)"

AP통신도 김연아의 프리스케이팅에 대하여 이렇게 극찬했다.

"그녀는 조지 거슈인의 〈피아노협주곡 바장조〉에 생명을 불어넣었다. 악보 위의 음표처럼 은반을 미끄러져 움직였다(She

breathed life into Gershwin's "Concerto in F" moving across
the ice like notes on a score)"

김연아의 화려한 연기와 함께 보는 이의 가슴을 뒤흔들어
놓았던 배경음악은 조지 거슈인의 〈피아노 협주곡 바장조〉였
다. 박력과 화려한 열정이 가득 찬 멜로디는 김연아의 힘 있
고 화려한 모습과 하나가 되어 은빛 빙상을 가득 채웠다. 김
연아는 그 곡을 처음 들었을 땐 "좀 심심하지 않나 하는 생각
이 들었어요. 전체적으로 뭔가 밍밍한 느낌이었죠."라고 했다.
그러나 곧 박력이 넘치고 피아노를 강하게 터치하는 조지 거
슈인의 음악세계를 제대로 이해했고, 얼음판을 강하게 찍는
스텝으로 현란하게 연기함으로써 강한 음악을 멋지게 소화해
냈다.

작곡가 조지 거슈인. 그는 재즈와 클래식을 자유롭게 넘나
들며 자신의 음악만큼이나 톡톡 튀게 살다가 젊은 나이로 세
상을 떠난 미국의 천재 음악가였다. 그러나 정식으로 음악 교
육을 받고 자라지는 않았다. 12세가 될 때까지 피아노를 연주
해 보기는커녕 구경해 보기도 힘든 환경에서 자랐다. 유명한
작곡가가 될 사람의 어린시절치고는 너무나 음악적이지 못한

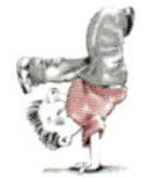

환경이었다. 미래의 음악가는 이웃집에서 들려오는 음악 소리를 듣는 것으로 만족해야 했다. 그의 집에 피아노가 생긴 후 동네 피아노 교사에게 레슨이라는 걸 처음 받았을 때, 그 시간은 어린 소년의 생활에서 가장 빛나고 설레는 시간이었다. 마치 보고 싶은 사람과의 만남을 기다리듯 어린 거슈인은 레슨을 기다렸다. 피아노 교사는 비록 동네의 이름 없는 교사에 불과했지만 어린 조지 거슈인에 대해 이렇게 말했다.

"이 아이는 천재다. 음악에 미쳐 있고 레슨 시간이 될 때까지 기다리지 못했다. 나는 이 아이를 기다리느라고 시계를 본 적이 한 번도 없다."

재능이 있었음에도 불구하고 그는 집안이 가난했던 탓에 고등학교를 끝까지 마치지 못하고 어머니의 허락을 얻어 자퇴를 할 수밖에 없었다. 돈을 벌어야 했다. 그러나 그가 알고 있는 것은 오직 음악이었다. 그는 리믹 악보 출판사의 피아니스트가 되어 주급을 받으면서 손님들에게 피아노 연주를 들려주며 돈을 벌었다.

조지 거슈인은 정규교육을 많이 받지는 못했다. 누구도 그에게 인생의 진로에 대해서 길을 가르쳐 주지 않았지만 스스로 지도를 그려 나갔다. 음악이 그의 인생을 이끌어 주는 나

침반이었고 인생의 지도였다. 돈을 벌 때도 음악을 통해서 벌었고, 돈을 벌기 위해 일을 하면서도 거기에 머무르지 않고 더 발전된 자신의 모습을 꿈꾸었다. 그래서 출판사에서 피아노를 치고 밤이면 할렘가의 나이트클럽 같은 곳을 돌아다니면서 대가들의 음악을 들어 보고 혼자서 연구했다. 그리고 대중음악에 대한 관심도 넓혀 나갔다. 언젠가 자신의 때를 만났을 때 필요한 준비들을 하나씩 하나씩 해 나가고 있었던 셈이다. 스케줄을 짜 주는 엄마도 없었고, 카운슬링을 해 주는 선생님도 없었지만 그는 스스로 길을 만들고 있었다. 음악의 길을 말이다.

좀 더 울부짖듯이 연주해 줘!

"이봐 조지 거슈인, 자네는 재능이 있어. 우리 오케스트라의 곡을 작곡해 주지 않겠나?"

1924년, 아직 조지 거슈인이 그다지 유명하지 않던 시절, 그는 당시 '재즈왕'이라고 불리던 오케스트라 지휘자 폴 화이트먼으로부터 작곡을 의뢰받았다.

"얼마 전 우리 오케스트라는 재즈와 클래식을 접목한 실험적인 콘서트를 열어 꽤 좋은 반응을 얻었네. 이런 실험을 곧 다가오는 2월의 연주회에서 더욱 발전시켜 보자고."

시간이 별로 많이 남아 있지 않았다. 더구나 조지 거슈인은 이런저런 일이 겹쳐 있어서 작곡에 전념할 상황이 못 되었다. 그러던 어느 날, 보스턴으로 가는 기차 안에서 악상이 떠올랐다. 훗날 조지 거슈인은 그 순간을 다음과 같이 회상했다.

"그건 기차 안이었다네. 열차 바퀴가 선로 이음새와 마찰하는 덜컹거리는 소리는 종종 작곡가들에겐 좋은 자극이 되지. 거기서 갑자기 곡의 구조가 처음부터 끝까지 번쩍하고 떠올랐지. 마치 악보에 적혀 있는 것 같았다네. 그건 마치 미국을 묘사하는 음악적 만화경이나 다름없었지. 거대한 용광로와 같은, 다른 데서 찾아볼 수 없는 미국적인 기운이랄까. 블루스라든지 도시의 광기 같은 것 말일세. 보스턴에 도착하기도 전에 내겐 어떻게 써야 할지에 대한 명확한 계획이 서 있었던 거야."

그는 시간이 부족한 가운데서도 한번 해보기로 결심하고 1월 7일 작곡을 시작하여 2월 4일에 완성했다. 몇 주 만에 완성한 이 곡의 이름은 오늘날까지도 잘 알려진 '랩소디 인 블루'다.

연주회 리허설 때 클라리넷 연주가가 곡의 도입부를 유머러스한 터치로 연주해 보였다. 작곡가 조지 거슈인은 연주를 듣더니 다급한 목소리로 소리쳤다.

"좀 더 울부짖듯, 더 울부짖듯이 연주해 줘!"

준비 기간이 끝나고 2월 24일 연주회가 시작되었다. 조지 거슈인의 곡은 뒤에서 두 번째 곡이었다. 엘가의 '위풍당당 행진곡'의 바로 앞 순서였다. 공연장인 에올리언 홀의 분위기는 상당히 지쳐 있었다. 앞서 나온 비슷비슷한 연주에 청중들은 싫증이 나기 시작한 데다가 홀 안의 환풍기마저 고장 난 상황이었다. 사람들은 점차 인내심을 잃어 가면서 앉아 있는 것조차 힘들어하고 있었다. 그런데 문득 그들의 귀에 경쾌하면서도 웅장하고 뭔가 새로운 느낌으로 톡톡 튀는 멜로디가 들려오기 시작했다. 사람들의 졸린 듯 꺼져 가던 눈이 초롱초롱 빛을 내기 시작했다.

"뭐지? 이 곡은?"

'랩소디 인 블루'가 연주되고 있었다. 그 곡은 마치 울부짖듯, 호탕하게 웃어 제치는 듯 생기 있게 사람들의 가슴을 파고들었다. 그것은 새로운 시도이기도 했다. 재즈와 클래식이

혼합된 새로운 미국 음악의 탄생이었고 천재 음악가가 세상으로 화려하게 데뷔하는 순간이기도 했다. 변진섭이 부른 '희망사항'의 마지막 부분이며, 일본 방송 프로그램 〈노다메 칸타빌레〉에도 등장해서 더욱 친숙한 '랩소디 인 블루'는 1927년 말까지 84차례나 연주됐고 레코드는 100만 장이 넘게 팔려나갔다.

인생의 지도는 내가 직접 그리는 거야

누구는 재능을 따라가고, 누구는 쾌락을 따라가고, 누구는 남들과 비슷한 편안함을 따라간다. 누구는 부모가 세워 준 코스를 그대로 따라가고, 누구는 좌충우돌 현실과 부딪치면서 즉흥적으로 살아가고, 누구는 자신의 인생을 스스로의 직관과 판단으로 주도적으로 이끌어 나간다. 삶을 여행에 비유한다면 우리에게는 지도와 방향을 제시해 주는 내비게이션이 필요하다. 먼저 길을 가 본 사람은 '이 길로 가라, 저 길로 가야 좋다'면서 자기 식으로 조언해 주지만 그 누구의 말도 정답이 될 수 없다. 결국 중심을 잡아야 하는 건 바로 나다. 내 인생은 나의 것이라고 입으로만 주장할 것이 아니라 인생의 중심을 스스로 잡아 나감으로써 진짜 내 인생의 주인이 나라는 사실을 증명해야 한다.

조지 거슈인은 자기 스스로 인생의 그림을 그리고 방향을 잡아 나갔다. 물론 완벽하지는 않았다. 그의 개인적인 인생이 모두 훌륭한 것은 아니었지만, 음악가로서 그의 길은 작은 위치에서 크고 원대한 명성을 차지한 성공적인 것이었다. 어려운 상황 속에서도 음악가의 길을 향해 흔들림 없이 자신의 지도대로 걸어갔기 때문이다. 고등학교 중퇴의 학벌도 그에겐 중요하지 않았다. 동네 피아노 선생님에게 배운 게 전부인 음악 교육이었지만 그것 또한 그에게 큰 의미는 없었다. 밤무대에서 값싼 피아노를 쳐서 생계를 해결할 돈을 벌면서도 그는 대가들의 음악을 찾아 들으며 자신의 꿈을 키웠다. 남들이 뭐라 해도 그의 눈에는 자신만의 지도가 보일 뿐이었다. 그건 축복이었다. 한 가지 일에 열정을 쏟을 수 있다는 것 말이다.

유명한 작곡가가 되었지만 안타깝게도 그는 언제부터인가 머리가 아팠다. 하루가 다르게 머리카락이 빠졌고 순간적으로 정신을 잃고 쓰러져 병원에 실려 가는 일이 잦아졌다. 아직 의학 수준이 높지 않던 20세기 초라 의사들은 스트레스

Fats
Waller

와 과로 때문이라고만 했지만 훗날 뇌종양임이 밝혀졌다. 조기 발견의 기회를 놓친 그는 엄청난 재능을 가진 가슴과 머리를 가지고 수술대 위에서 숨을 거둘 수밖에 없었다. "내 머릿속에는 100년 동안 악보에 옮겨 적어도 될 만한 곡들로 꽉 차 있다."며 자신에 차 있던 그였지만 39세의 나이로 생을 마감했다.

프랑스 작곡가 모리스 라벨이 공연을 하기 위해 미국에 왔을 때, 조지 거슈인은 라벨에게 자신의 스승이 되어 달라고 요청하기도 했다. 평소에 존경하던 음악가가 라벨이었기 때문이다. 그러나 라벨은 이렇게 이야기하며 조지 거슈인의 청을 거절했다.

"당신에게는 당신만의 멜로디가 있습니다. 일류 조지 거슈인이 돼야지 왜 이류 라벨이 되려고 하나요?"

결국 조지 거슈인은 이류 라벨이 아니라 '일류 조지 거슈인'으로 남았다. 다른 사람의 길이 아니라 자신만의 음악을 추구한 결과였다.

다른 사람의 길을 따라가는 것은 이류의 길이다. 아무리 잘하고 기를 쓰고 올라가도 이류로 남을 뿐이다. 자기 인생에

는 스스로 그린 지도를 따라가는 나만의 내비게이션을 달아야 한다. 누군가 같이 갈 수도, 누군가가 가르쳐 줄 수도 없는 길이다. 타인에게 참고가 될 만한 정보를 얻을 수는 있겠지만 결국 모든 책임은 혼자서 짊어져야 한다. 누군가가 만들어 놓은 내비게이션을 따라가 봤자 누군가의 아류 내지는 누군가를 모방하는 이류의 인생이 될 뿐이다. 모든 충고와 가능성을 향해 오픈 마인드로 눈과 귀를 열어 놓되, 궁극의 길은 스스로 만들어 가야 한다.

Chapter 4
꿈의 발견
방황하라, 그 끝에 꿈이 있다

젊은 날의 방황은
나를 찾는 여행이다

"아버지 없이 자라 외롭고 병원에서 3년이나 지낸 적도 있죠.
초등학교 때는 왕따까지 당하고 고등학교는 잘렸어요.
죽으려고 두 번이나 자살 시도도 했는데…….
겨우 안정을 찾는 것 같더니 공황증이 오더군요.
그런데 노래와 기부가 있어서 공황증을 극복해 갈 수 있었어요.
지금의 내가 사람들에게 사랑받고 있는 건 정말 기적이에요."
― 김장훈(노래하는 기부천사)

나는 젊다, 가슴을 열어라

'새파랗게 젊다는 게 한밑천인데 쩨쩨하게 굴지 말고 가슴을 열어라.'

김장훈의 '사노라면'이라는 노래 가사다. 김장훈이라는 인물에 대한 이미지가 '기부천사'라서 그런지 그의 노래에는 늘 삶과 사람에 대한 따뜻한 시선과 희망의 메시지가 담겨 있는 것 같다. 그는 새파랗게 젊다는 게 한밑천인데 쩨쩨하게 굴지 말고 가슴을 열어 보라며, 노래를 통해 사람들에게 힘을 불어넣어 주고 있다.

이렇게 다른 사람에게 힘을 불어넣어 주는 김장훈의 미소

뒤에는 우울한 어린 시절의 그늘이 있다. 정작 자신은 월세 아파트에 살고 있지만 대출까지 하면서 기부에 앞장서는 기부 천사, 태안반도 기름유출 사고 때도 앞장서 봉사하고, 독도가 우리 땅이라는 것을 알리기 위해 연구기금으로 수억 원을 기부하고, 사비를 털어 미국 「월스트리트」지에 독도가 우리 땅이라는 광고를 내기도 한 김장훈. 그의 밝고 힘찬 행보 뒤에 어두운 그늘이 있다는 건 반전과도 같게 느껴진다. 그러나 그는 가슴 뒤편으로 힘든 상처를 안고 있었다.

"잠은 언제 잘 거예요?"

"밤에는 잘 못 자요. 날 밝으면 잘 거예요."

"왜요?"

"공황증 때문에요. 어두우면 잘 못 자요."

그는 방송에서 자신의 공황증을 털어놓았다. 10년 가까이 공황증을 앓고 있는데 그나마 지금은 많이 극복이 된 상태다. 예전에는 두려운 마음으로 밤에 잠을 못 자고 3일을 버티다가 결국 기절해 버린 적도 있을 정도로 공황증이 심했다. 그가 가진 그늘은 공황증뿐만이 아니다. 병치레도 많았고 학교생활도 원만치 못했다. 자살 시도도 여러 번 했을 정도로 그는 힘든 성장과정을 보내야 했다. 벼랑 끝에 매달려 있는 것

같은 위태로운 시간들. 그 벼랑 끝에서 찾아낸 그의 새로운 삶은 '노래와 기부'였다. 그는 누구보다 열심히 공연에 매달리고 승부하는 가수로 자리를 잡았고, 10년 넘게 기부에 앞장서 '기부천사'라는 별명뿐만 아니라 '대한민국 나눔대상 통일부장관상'까지 받았다.

경기도에서 목사로 봉사하고 있는 그의 어머니는 이렇게 말했다.

"장훈이가 청소년 시기에 가출을 많이 했어요. 제가 음악을 못하게 해서 가출을 한 거지요. 지금도 그렇지만 당시만 해도 가수라는 일이 참 힘들고 안정적인 일이 못 되잖아요. 그런데다 장훈이가 기관지천식이 있었어요. 가수로서는 치명적인 병이지요. 애가 원체 몸이 약했어요. 그래서 3년은 병원에, 3년은 학교에 다닐 정도로 몸이 안 좋았지요. 그런데도 끝까지 자기 고집을 꺾지 않고 가수의 길을 가더라고요."

그는 노래 가사처럼 아무리 힘들어도 늘 웃으면서 새 희망을 찾으려 애썼고 가슴을 활짝 열고 세상을 긍정적인 마음으로 바라보았다. 그리고 세상에 대한 원망을 키우는 대신 자신의 꿈과 자신의 삶을 찾아 나섰다. 그의 미소와 기부가 더욱 사람들에게 감동을 주는 것은 바로 그 때문이다.

오늘 하루만 소나기, 내일은 해가 뜰 거야

조금 기쁘고 일이 잘 풀린다고 뛸 듯이 기뻐할 것도 아니다. 기쁨도 잠시일 뿐 곧 지나간다. 마찬가지로 힘들고 아플지라도 그렇게 괴로워할 필요가 없다. 고통도 잠시일 뿐 그것도 곧 지나간다. 오히려 방황과 아픔은 늘 자신을 돌아보게 만든다. 그래서 젊은 날의 방황은 단순한 시간 낭비가 아니라 자신을 찾는 여행이 될 수 있다.

그렇지만 한 가지 함정을 경계해야 한다. 방황이 그저 방황에 그쳐서는 안 된다. 무의미하게 반복되는 방황은 때론 인생을 무척 위험하게 만든다. 만약 김장훈이 방황을 끝내지 못하고 계속해서 공황증의 늪에 빠져 있었다면 어떻게 되었겠는가? 방황은 그것을 통해 무언가를 발견할 때 의미가 있다. 방황이 방황으로만 끝나도록 내버려 두는 것은 바보 같은 짓이다. 내 안에 있는 방황의 힘을 통해 뭔가를 발견할 수 있도록 해야 한다. 비록 겉으로 보기에는 공부도 하지 않고 놀고만 있는 것처럼 보일지라도 내 안에 참다운 방황의 힘이 들어 있다면 언젠가 날갯짓을 하고 날아오를 수가 있다.

김장훈 역시 아픈 시간들을 통해 자신의 꿈과 새 삶을 찾았다. 잦은 병치레와 가출, 그리고 공황증이라는 어두운 과거 끝에서 새로운 삶과 자신의 꿈을 발견했다. 그는 어떤 가수보다 화려한 콘서트로 유명하며 온몸이 부서져라 콘서트에 임한다. 자신이 번 돈에서 일부를 떼어 기부를 하는 것이 아니라 벌어들일 수입을 예측하여 기부액수를 정한다. 심지어 대출까지 불사한다.

"하늘이 도우셨는지 늘 기대 이상의 결과들이 돌아왔어요. 그럴 때면 불안해졌죠. 내가 이렇게 큰 행복을 받을 자격이 없는데 안 좋은 일이 생기면 어쩌나 하고……. 그래서 기부를 시작했어요. 내가 행복해지기 위한 기부인 거죠. 마음의 보험이랄까요?"

꿈은 때로 삶의 이유가 된다. 특히 젊은 시절에는 더욱 그렇다. 나이가 들어 기성세대가 된 다음에는 가족을 위해, 생계를 위해 많은 것들이 변하고 꿈이 다른 것으로 대체될 위험이 도사리지만, 젊은 시절은 꿈이 온전히 삶의 이유가 될 수 있는 아름다운 시절이다. 살아야 할 이유가 있는 사람은 쉽게 절망하거나 포기하지 않는다. 마찬가지로 꿈을 발견한 사람은 쉽게 절망하지 않는다. 삶의 이유가 분명히 있기 때문이다.

방황이 힘들어도 아름다울 수 있는 것은 방황을 통해 꿈을

발견할 수 있기 때문에다. 발레리나 강수진은 "고통을 친구로 삼지 않으면 발레를 할 수 없다."고 말했다. 슬프고 외롭거든 그 속에 빠져 허우적대지 말고 나의 모든 영감을 활짝 열어 두고 기도하는 마음으로 다가올 나의 꿈을 기다려라. 기쁘고 환희에 차 있을 때보다 고통 속에서 몸부림칠 때 영감은 더욱 깨어나는 법이다.

독수리는 날아오르기 전 바람의 흐름을 느끼며 때를 기다린다. 그리고 자신에게 딱 맞는 바람이 불어오기 시작했을 때 그 바람을 타고 힘차게 날아오른다. 푸득대는 날갯짓도 필요 없다. 그저 바람을 타면서 깃털로 방향을 잡아 갈 뿐이다. 독수리의 본능을 깨우며 바람의 흐름을 느껴 봐라. 내가 타고 가야 할 바람이 어디서 불어오는지 느끼고, 그 바람을 타고 날아올라라. 피곤함도 없을 것이다.

열정을 쏟을 나만의 꿈을 찾아라

"처음에는 당신들도 나같이 식당에서 잡일을 했겠지.
나도 언젠가는 당신들처럼 이름을 날리는 아티스트가 될 거야.
당신들을 볼 때마다 힘이 솟아.
나도 최고의 사진가가 될 날을 꿈꾸며 뉴욕에서 당신들처럼 일하고 있는 거야."
– 준초이(사진 아티스트)

제대로 한번 붙어 볼 내 꿈을 만났어

어느 날 고등학교 친구가 찾아왔다. 소박한 벽지가게에 들어선 친구는 서울대학교 교복을 입고 있었다. 왠지 모르게 친구의 태도는 거만하게도 보였고 잘난 체하는 것처럼 느껴졌다. 그리고 서울대학교 교복을 입고 있는 친구를 보니, 공부가 싫어서 고등학교 2학년 때 자퇴한 후 벽지가게를 하고 있는 자신의 모습이 초라하게 느껴지고 자존심이 상했다. 분명히 학교를 자퇴한 것도, 벽지가게를 차린 것도 누가 강제로 시킨 것이 아니라 스스로 선택한 길이었는데도 말이다. 그날로 그는 벽지가게 문을 닫아 버렸다.

‘어떤 일이 있어도 그놈을 따라잡고 말 거야. 그놈보다 못할 게 없다는 걸 보여 주겠어.’

최명준은 오기 같은 결심으로 속이 끓어올랐다. 공부를 때려치우고 몇 년 쉬엄쉬엄 놀면서 지내 왔는데 막상 대학교에 다니는 친구들을 보니 오기가 발동했다. 뭔가 잘못되었다는 걸 깨달았다. 아무런 이유도 의미도 없이 무조건 대학에 가기 위해 공부하는 것이 싫어서 학교를 그만뒀지만 그렇다고 해서 아무런 목표도 꿈도 없이 살아가는 것 또한 자신이 진정으로 바라는 건 아니라는 사실을 깨닫게 된 것이다.

그렇게 최명준은 일생일대의 전환점을 맞았다. 자신의 길을 찾아야겠다는 결심 속에서 고등학교 물리 선생님에게 취미로 배운 사진이 떠올랐다. 그는 최고의 사진 아티스트가 되기 위해 일본 유학을 결심하고 다시 공부에 매달려 대학교에 진학했다. 일본으로 유학을 가기 위해서는 일단 한국에서 대학교를 졸업할 필요가 있었기 때문이었다. 그의 눈에는 최고의 사진가가 되겠다는 목표밖에는 아무것도 보이지 않았다. 최고의 사진 아티스트가 되어야겠다는 열정 말고는 어떤 것도 그를 흥분시킬 수 없었다.

1976년에는 사진을 공부하기 위해 일본으로 유학을 간다

는 것은 국가가 허락하지 않을 때였다. 그러나 그는 밀어붙였고, 어렵게 외무부의 허가를 받아내어 유학길에 올랐다. 물론 무일푼으로 떠난 일본 유학은 쉽지 않았다. 낮에는 학교에서 공부하고 오후에는 불고기집에서 아르바이트를 한 후 자정 무렵이 돼서야 집에 돌아왔으며, 새벽 2~3시까지 공부를 한 후 잠깐 눈을 붙였다가 아침 일찍 일어나 학교에 가는 생활을 계속했다. 그러나 그는 피곤한 줄도 몰랐다. 어떻게 온 유학인데, 얼마나 하고 싶었던 사진 공부인데, 이 정도의 고난에 무너질 수 없었다. 열정이 그에게 날마다 새 힘을 불어넣어 주는 듯했다. 그렇게 7년의 일본 유학을 마쳤을 때 그는 한국의 교수 자리 제안을 박차고 미국 뉴욕행을 결심했다.

'최고의 사진가가 되겠어! 아무도 따라올 수 없는 최고의 실력을 갖춘 사진가!'

그게 목표였다. 그는 자신의 꿈과 제대로 한번 붙어 볼 참이었다.

꿈은 어느 날 갑자기 우리를 찾아올 수 있다. 평생을 좌우할 자신의 꿈을 이렇게 예고 없이 발견한다는 것은 아이러니를 넘어서 신비에 가깝다. 그러나 우리는 삶 속에서 이런 것들을 많이 체험하곤 한다. 누군가가 던진 한마디 말, 우연히 가 본 장소에서 자신의 꿈을 발견하기도 하고, 나와 다른 친구의 모습을 보고 무언가를 해야겠다고 결심이 서기도 한다. 최명준은 우연히 찾아온 고등학교 동창을 보고 오기가 발동해 사진에 대한 꿈을 결심했다. 우연히 찾아온 기회를 놓치지 않은 것이다. 멍하게 있으면 모처럼 꿈을 발견할 기회가 다가와도 잡을 수가 없다. 꿈에 대한 잠재된 욕구가 있는 사람만이 기회가 왔을 때 금세 알아챌 수 있다.

뉴욕에서 살아남으면 어디서든 살아남는다

뉴욕 생활은 힘겨웠다. 스튜디오에 들어가야 일을 배울 수 있는데 누구도 영어도 되지 않는 키 작은 황인종을 조수로 써 주려 하지 않았다. 그가 일본에서 쌓은 우수한 성적에는 관심도 갖지 않고 포트폴리오만 훑어볼 뿐이었다. 그리고는 이렇게 말하며 손을 내저었다.

"당신 실력은 그냥 학생 수준일 뿐이야!"

아무리 시도해도 그 누구의 조수도 될 수 없었다. 그래도

포기할 수 없었다. 뉴욕에서 꼭 성공해야 했다. 그러다가 잡일을 시킬 사람을 찾던 한 스튜디오에서 그를 조수로 써 주었다. 법으로 정한 최저 임금만을 주고서 말이다.

하루는 해발 1,200미터의 높은 산에서 패션 촬영을 하게 되었다. 계속되던 촬영에서 이리 뛰고 저리 뛰면서 잔심부름을 하던 그는 마침내 체력의 한계를 드러내고 하얗게 쌓인 눈 위에 먹은 것을 모두 토하고 말았다. 모델, 디자이너, 메이크업 아티스트, 스타일리스트, 클라이언트 등 모두가 그를 불편한 시선으로 쳐다보았고, 그를 조수로 채용한 사진가는 미친 듯이 화를 냈다.

"뭐야! 바보 같으니라고! 네가 촬영을 다 망쳐 버렸잖아!"

최명준은 뒤집어지는 속보다 말할 수 없는 모욕감과 서러움에 치를 떨었다. 그 후로 그는 6년 동안 금요일 오후가 되면 속이 메슥거리고 토하는 병에 시달려야 했다.

한번은 올몬드 스튜디오에서 독립하여 프리랜서 포토그래퍼로 전향한 후 독일계 사진가인 제럴드의 조수로 프로젝트를 진행한 적이 있었다. 바삐 돌아가는 촬영 속에서 그는 연신 "뭐라고요(I beg your pardon)?"라고 말할 수밖에 없었다. 정신이 없으니 되지 않는 영어가 더 들리지 않았던 탓이었다.

제럴드는 참다못해서 버럭 소리를 지르며 욕설을 퍼부었다.

"입 닥쳐, 닥치란 말이야! 말도 못 알아들으면서 어떻게 사진을 찍는단 말이야?"

주변의 스태프들은 킬킬대며 웃었지만 그는 오금이 저렸다. 어떻게 살아남을 수 있을지 막막했다. 사진에, 생계문제에, 영어까지……. 넘어야 할 산이 너무 많았다.

그는 생활비를 벌기 위해 레스토랑에서 접시를 닦고 서빙하는 일을 하기도 했다. 레스토랑에는 유명 록밴드인 레드페퍼 멤버들이 드나들었는데 그들을 볼 때마다 그는 생각했다.

'처음에는 당신들도 나같이 식당에서 잡일을 했겠지. 나도 언젠가는 당신들처럼 이름을 내는 아티스트가 될 거야.'

최고의 사진가가 될 날을 꿈꾸며 그는 스스로 용기를 다졌다. 마침내 그는 한국인으로서는 최초로 미국 맨해튼에 자신의 이름을 딴 '준초이 스튜디오'를 열 수 있었다. 물론 처음 1년간은 일이 없어서 스튜디오 임대료를 내기도 힘들었다.

'정말 최고의 사진가가 될 수 있을까? 이런 식으로 얼마나 버틸 수 있을까?'

성공을 확신하다가도 모든 것이 실패로 돌아갈 것만 같아

불안했다. 불면증에 시달리는 날도 길어졌다. 그래도 살아남아야 했다. 돈에 쫓기고 일에 쫓기는 힘든 시간이었지만 한 걸음 한 걸음 자신의 꿈에 가까이 다가갔다.

1988년, 그는 일본과 뉴욕을 거쳐 13년 만에 한국으로 돌아왔지만 시작이 그리 쉽지만은 않았다. 당시에는 우리나라에서 사진가에 대한 사회적 지위와 인식이 그저 기술자 수준에 그치고 있었고, 그가 뉴욕에서 사진을 배워 왔을 뿐 돈을 벌어 돌아온 게 아니었기 때문이다. 지낼 곳이 없어서 장모의 집에 얹혀 있기도 하고 산동네에서 살아야 하는 시절도 있었다. 힘들수록 그는 날마다 기도했다.

'최고의 사진가가 되게 해 주세요. 최고의 사진가가!'

비록 돈은 없었지만 그에게는 뉴욕에서부터 지금까지 흔들리지 않는 목표, 바로 최고의 사진가가 되겠다는 꿈이 있었다. 그는 기죽지 않고 당당하게 자신의 사진에 대한 정당한 값을 요구하며 광고사진을 찍었다. 그의 사진은 광고계에서 새로운 바람을 일으켰다. 어려운 사진일수록 그를 찾았으며, 그의 사진은 싸구려가 아니라는 평이 굳어졌다.

그러던 그에게 기회가 왔다. 광복 50주년을 맞아 정부에서 만드는 『한국을 빛낸 14인의 음악인』이라는 사진집을 맡아

조수미, 백건우, 신영옥 등 쟁쟁한 인물들의 사진을 찍게 된 것이다.

파리에서 피아니스트 백건우(영화배우 윤정희의 남편)를 만나 촬영을 진행할 때였다. 그는 백건우의 피아노 연주를 듣고 나서 이렇게 물었다.

"선생님. 저는 촬영을 앞두면 전날부터 긴장이 되어 잠도 안 오고 불면증에 시달리는데, 콘서트를 앞두고 잠이 오나요?"

"준초이! 난 그저 최선을 다할 뿐이야. 그리고 잊어버려. 그러면 그 다음은 하늘이 알아서 해 주시지. 내가 할 수 있는 건 결과가 아니라 그 과정에 최선을 다하는 것뿐일세."

대가들과의 만남은 준초이의 열정과 감성을 더욱 넓혀 주었다. 불면의 밤은 계속되었지만 그의 사진은 불면의 고통만큼 점점 깊어졌다. 그리고 그는 점점 대한민국에서 가장 비싼 사진을 찍는 작가, 진정한 인물의 모습을 찍어 내는 작가로 알려졌다.

좋아하는 일을 해야 미칠 수 있다

목표를 세우고 그것을 향해 가는 길은 만만치 않다. 자기가 원하는 일을 위해서니까 늘 의욕에 가득 차 있을 것 같은 낭만적인 꿈을 꿀 수도 있지만 현실은 천만의 말씀이다.

자고 싶고, 쉬고 싶고, 놀고 싶고, 여유 있게 지내고 싶은 모든 욕망을 '꿈을 위해서'라는 열정 앞에 모두 못 박아 버려야 한다. 작은 욕망들을 절제하지 못한다면 꿈은 결국 꿈으로 끝나 버리고 말 것이다. 작은 성과라도 이루려면 전적으로 매달려야 한다고 꿈은 우리에게 당당하게 요구하고 있다. 그렇게 하지 않으면 모두 허사로 돌아가니 각오를 단단히 하라고 말이다. 수험생이 입시를 준비하는 과정 못지않게, 그보다 훨씬 더 치열하고 냉혹한 과정을 견뎌야 하는 것이다. 다만, 자기가 원해서 하는 일과 억지로 하는 일이라는 차이만 존재할 뿐이다.

무엇으로 이 힘겨운 과정을 이겨 낼 것인가. 그것은 꿈에 대한 열정으로 견뎌 낼 수밖에 없다. 열정은 어디에서 나오는가. 그것은 꿈에 대한 사랑에서 나온다. 자기가 매력을 느끼고 자기가 원해서 얻으려는 꿈에 대한 열정 말이다. 열정이 있어야 힘겨운 시간을 이겨 낼 수 있다. 그렇기 때문에 정말 자기가 좋아하는 일을 꿈으로 정해야 한다. 가슴 깊이 매력을 느끼지 않는 일에 수십 년 동안 자신의 모든 열정을 쏟을 수 있겠는가? 좋아하는 일을 선택해도 힘든 일을 만나고 시련이 닥

치면 도중에 포기해 버리고 싶은 순간이 수백 번도 넘는다. 그런데 애정이 없는 꿈을 어떻게 붙잡고 살아갈 수 있겠는가.

사랑할 수 있는 일을 찾아야 한다. 그래야 열정을 쏟을 수 있고, 열정을 쏟아야 좋은 성과가 있다.

그러나 자기가 좋아하고, 가슴 뛰는 일을 찾으라는 말에는 함정이 있다. 열정을 느꼈다고 모두 자신의 진정한 꿈이 되는 건 아니기 때문이다. 그건 연애와도 비슷하다. 죽을 것처럼 사랑했지만 인연이 되지 못하는 경우가 얼마나 많은가. 스쳐 지나가는 인연과 평생 함께할 인연은 차원이 다른 이야기다.

꿈도 마찬가지다. 재미를 느낀다고 모두 꿈이 될 수 있는 건 아니다. 재미를 느끼는 일이 무조건 내 꿈이 된다면 요즘 젊은이들은 모두 프로게이머가 되어야 할 것이다. 단순한 재미하고는 다르다. 매력과 애정을 느끼는 꿈이란 단순한 재미라기보다는 적성과 흥미를 느끼되 좀 더 가슴 깊은 곳에서 보람과 성취감을 느낄 수 있는 일이어야 한다. 즐기기 위한 일이냐, 정말 가슴 깊은 곳에서 원해서 열정을 쏟을 수 있는 일이냐를 냉정하게 생각해야 한다. 그냥 스쳐 지나가는 열정인지, 나와 함께 오래도록 머무를 수 있는 열정인지 판단해야 한다. 그 판단이 정확해야 내 꿈을 정확하게 찾을 수 있다.

사막 끝에서 만나는 꿈을 놓치지 마라

"모든 사람에게는 건너야 할 사막이 있다.
사하라사막 종단 이후, 나는 완전히 다르게 변해 있었다.
내가 진정으로 갈망하고 그것을 위해 인내하고 노력한다면
무엇이든 이룰 수 있다는 자신감을 얻게 된 것이다."
– 브라이언 트레이시(자기계발 전문가)

무작정 떠난 아프리카 여행

서계적인 자기계발 전문가로 유명한 브라이언 트레이시는 믿기지 않을 정도로 초라한 과거를 가지고 있다. 그는 가난한 집안에서 태어났다. 그의 부모님은 그가 무슨 일이라도 해보려고 하면 항상 "우리 집은 그럴 만한 형편이 못 된다."고 말하곤 했다. 그는 공부도 잘하지 못했다. 그 결과 고등학교 졸업장도 딸 수 없었다.

집안 환경도 좋지 않고 고등학교 졸업장도 없는 그가 사회에서 제일 먼저 한 일은 접시닦기였고, 오후 4시부터 다음날 새벽까지 접시를 닦았다. 하지만 그 일을 그만두게 된 후에는 주차장에서 세차 일을 했고, 주차장 바닥을 닦는 청소부 일도 했다. 줄곧 닦는 일만 하다 보니 막연하게나마 앞으로 닦는 일을 직업으로 갖게 될 것만 같은 불길한 예감에 시달렸다.

아무리 닦아도 그의 인생은 나아지지 않았다. 목재소에서도 일해 보고, 주유소에서도 일해 보고, 심지어는 우물 파는 일도 해보았다. 우물을 열심히 파서 물이 발견되는 순간 일을 그만두어야 하니 도무지 열심히 우물을 팔 수가 없었다. 닦는 일과 마찬가지로 아무리 열심히 나무를 자르고 우물을 파도 그의 인생은 나아지지 않았다. 모든 일이 단순하고 반복적이고 입에 풀칠하기 위한 생계의 방편일 뿐, 그에게 신선한 동기 부여가 되지 못했다.

제대로 된 직장이 없던 그는 제대로 된 집도 가지고 있지 못했다. 그래서 겨울에는 차에서 잠을 잤고 여름에는 차 옆에서 잠을 잤다. 삶이 고단하기 이를 데 없었지만 그는 학벌이 나쁘기 때문에 더 이상 좋은 일은 구하기가 힘들다고 생각했다. 가난하고 힘든 삶 가운데서도 그는 늘 이런 궁금증을 품었다.

'도대체 성공한 사람들은 어떻게 성공할 수 있었던 것일까?'

그도 성공해서 멋지게 살아 보고 싶었다. 언제까지 이렇게

하루 벌어 하루 먹는, 아무런 희망도 없는 생활을 할 수는 없었다. 그러나 무엇을 어떻게 해야 하는지 알 수 없었다. 자기는 가난하고 학벌도 좋지 않은 무일푼 청년에 불과하다고 생각했다. 그러나 지금 그는 골프장이 딸린 아름다운 저택에서 행복한 가정을 이루고 살고 있다. 미국, 캐나다 등 주요 국가를 오가며 성공적인 비즈니스와 강연 활동을 펼치고 있다. 뿐만 아니라 저술 활동을 통해 세계적인 베스트셀러 작가가 되었다.

어떻게 무일푼 청년이 이렇게 성공할 수 있었을까? 학벌 때문에 변변한 직장도 구할 수 없을 거라고 스스로 성공을 포기했던 젊은이에게 도대체 어떤 변화가 일어났기에 삶이 180도로 달라질 수 있었던 것일까?

계속, 계속, 계속해서 가라!

브라이언 트레이시는 친구인 제프, 밥과 함께 아프리카 종단 여행을 떠났다. 그리고 길고도 위험했던 그 여행을 통해 자신의 가능성을 발견했다. 학벌도, 가난한 가정환경도 결코 가둘 수 없는 자기 안에 있는 '자유로운 가능성'을 말이다.

그들은 캐나다 밴쿠버에서 몬트리올, 디트로이트 등 북아메리카 도시들을 거쳐 영국으로 건너갔고, 런던, 바르셀로나 등 유럽 도시를 거쳐 아프리카에 이르렀다. 그리고 아프리카 남단을 향해 내려갔고 드디어 사하라사막을 만났다. 도중에 밥은 포기하고 돌아갔지만 트레이시와 제프는 끝까지 남았다. 두 젊은이는 가슴속에 로버트 W. 서비스의 시 한편을 각인시켜 놓고 있었다.

'모든 것이 갖추어져 있을 때 싸우는 것은 쉽다. 그러나 모든 것이 잘못되어 있을 때는 다르다. 계속해서 하라, 계속해서 하라! 그것에 당신이 존재해야 되는 이유가 있다. 계속해서 하라!'

사막으로 간다고 하자 1,000년 동안 조상 대대로 사막에서 살아온 베두인족조차 그들을 뜯어말렸다.

"오, 말도 안 돼요. 사하라사막을 건널 순 없어요. 당신들은 사막에서 죽을 거예요."

또 어떤 사람들은 정신 나간 사람 취급을 하기도 했다.

"사막에 죽으러 가는 젊은이들이군."

그러나 트레이시와 제프는 발걸음을 돌리지 않았다. 그들은 가야 한다는 것을 알고 있었다. 사막이 그들을 부르고 있

었다. 사하라사막을 건너지 못하면 인생의 어떤 과정도 통과하지 못할 것 같았다. 사하라사막보다도 두려운 건 바로 자신의 마음속에 있는 두려움이었다. 그들은 두려움을 넘어 사막으로 향했다. 섭씨 50도가 넘는 더위와 먹지도 자지도 못하는 극한의 고통과 싸우며 앞으로 나아갔다. 그리고 모든 시간을 견디고 정신을 차렸을 때, 절대로 건널 수 없을 것 같이 느껴지던 사하라사막이 자신의 등 뒤로 점점 멀어지는 것이 보였다. 앞을 가로막고 트레이시를 삼킬 것처럼 으르렁대던 사하라사막은 온 데 간 데 없었다. 양순한 짐승처럼 다소곳이 엎드려 그들을 배웅하고 있을 뿐이었다. 마침내 사하라사막 종단을 해낸 것이다. 가슴에는 말할 수 없는 성취감과 기쁨이 번져 왔다. 이젠 세상의 어떤 일도 두려울 것 같지 않았다. 그는 사하라사막 종단을 통해 다음과 같은 일곱 가지 교훈을 배웠다고 기록했다.

첫째, 목표를 설정하고 행동하라.

둘째, 시작한 후에는 절대로 포기하지 마라.

셋째, 한 걸음씩 앞으로 나아가라.

넷째, 부정적인 사람을 멀리하라.

다섯째, 어려움과 난관을 피하지 마라.

여섯째, 유연하게 행동하라.

일곱째, 혼자 힘으로는 성공할 수 없다.

누구나 마음속에 건너야 할 사막이 있다

사하라사막 종단 경험은 브라이언 트레이시에게 자신의 가능성을 발견하고 진정한 자신을 만나게 한 계기가 되었다. 그리고 그는 공부를 다시 시작했고 사람들에게 성공과 동기부여에 대해 전하는 전문가가 되었다. 그는 "모든 사람의 인생에는 건너야 할 사막이 있다."고 말한다.

당신의 사하라사막은 무엇인가? 어떤 이에게는 사하라사막이 가난일 수 있고, 가정환경일 수도 있고, 신체적 장애일 수도 있고, 정신적인 방황과 상처일 수도 있다. 힙합 가수 제이지에게 사하라사막은 아마도 마약중독 등으로 얼룩진 젊은 시절일 것이다. 준초이에게 사막은 아마도 고등학교를 중퇴한 후 특별한 목표도 없이 어영부영 보낸 세월일 것이다. 김장훈에게 사하라사막은 왕따와 공황증으로 자기 자신에 대한 자신감을 찾을 수 없던 힘겨운 시간들일 것이다. 그러나 브라이언 트레이시가 사하라사막 종단을 통해 진정한 자신과 마주하며 가능성을 깨달은 것처럼, 우린 각자의 사하라사막을 이겨 냄으로써 가능성을 깨닫고 진정한 자신의 꿈을 발견할 수 있다. 자신이 박차고 나가야 할 세계가 어디인지, 나의 꿈이 무엇인지 만날 수 있는 것이다.

물론 사하라사막을 건넜다고 해서 모든 걸 다 이루었다는 것은 아니다. 그건 아주 작은 시작일 뿐이다. 그러나 시작조차 하지 못한다면 얼마나 슬픈 일인가. 평생을 살면서 진정한 자신을 찾지 못하고 긴 시간을 모두 써 버린다면 얼마나 인간적이지 못한 삶인가. 또 사하라사막조차 만나지 못한 사람들은 얼마나 불행한가. 평생 같은 곳에서 똑같은 일상을 반복하며 판박이처럼 살아가야 할 테니까 말이다. 치열하게 자신과 마주할 수 있다는 것은 신의 축복이고 은혜다.

꿈이란 결국 자신을 마주하는 일이다. 성공 자체가 중요한 게 아니라, 자기가 원하는 일을 찾아 길을 떠난다는 사실이 의미가 있는 것이다. 꿈을 향한 길은 타오르는 불을 따라 무작정 달려드는 불나방의 열정이 아니라, 자신의 진정한 소망을 찾아 조용히 기도하는 것과 같은 거룩한 뜨거움이다. 그러

니 지금 당신이 험한 사하라사막 한가운데서 쏟아지는 햇빛과 타는 듯한 갈증으로 힘들어하고 있다면 바로 눈앞에 있는 절망만을 보지 말고 저 멀리에 있는 희망을 보자.

모든 고통에는 이유가 있다. 우리가 힘겹게 사하라사막을 건너는 것은 아무런 목적도 없이 방황하기 위해서가 아니다. 방황이 멋있고 고뇌가 그럴듯해 보여서가 아니다. 사하라사막 그 끝에 있는 진정한 자신의 꿈을 발견하기 위해서라는 걸 잊지 마라. 아무것도 발견하지 못한다면 사하라사막은 나를 미치게 만드는 상처와 고생일 뿐이다. 그러니 사하라사막에서 진정한 자신의 꿈을 만나거든 절대 놓치지 마라. 인연은 스쳐 지나가면 다시 잡기 어려운 법이다.

눈물 없이 꿈을 발견할 수 없다

마약중독보다 더 강했던 음악중독

모두가 꿈을 가지라고, 꿈을 가져야 성공할 수 있다고 말한다. 그러나 꿈을 갖는다는 게 말처럼 쉽지는 않다. 그러나 사실 더 어려운 것은 자신의 진정한 꿈을 '발견'하는 일이다. 어려서부터 부모의 교육열과 조기교육으로 일찌감치 자신의 길을 발견한 사람은 오히려 운이 좋은 경우다. 그러나 대부분은 온갖 시행착오와 고민과 방황을 거쳐 겨우 자신의 꿈을 발견한다. 또 어떤 사람들은 결국 꿈을 발견하지 못하고 '내게도 간절하게 이루고 싶은 무언가가 있었다면 남다른 인생이 될 수 있었을 텐데……' 하고 쓸쓸히 나이 들게 된다. 그러니 뭐가 남다르게 하고 싶은 일이 있거나 간절한 소망이 가슴에서 자라고 있다면 기억하라. 그건 내가 살아 있다는 증거가 되는 일이며, 내가 남들보다 더 열정적이라는 뜻이며, 그저 그렇게 똑같은 판박이 인생이 아니라 의미 있는 존재가 될 가능성을 말해 주는 것이다. 도무지 사는 게 의미 없고 세상만사에 회의를 느끼는 사람이라도 뭔가 이루고 싶은 소망이 생기는 순간 삶을 바라보는 눈이 달라진다. 그 눈에는 소망이 담기고 간절함이 스며들고 절망보다는 희망을 바라보게 된다.

미국의 힙합 가수이자 성공한 사업가인 제이지 역시 꿈을 발견한 이후 새로운 삶의 희망을 찾은 젊은이 중 하나였다. 단순히 꿈을 발견해서 삶이 더 나아졌다기보다는 수렁에서 빠져나왔다고 해야 정확한 표현일 것이다. 비욘세의 남편으로도 유명한 제이지에게는 그의 피부색만큼이나 칠흑같이 어두운 과거가 있었다.

그는 뉴욕 브루클린에서 고등학교를 다니다 중퇴했고, 마약에 중독된 채 마약을 팔며 암울한 생활을 했었다. 공부도 하기 싫고 미래도 보이지 않던 시절, 마약만이 유일한 위안이자 동반자였다. 고등학교를 중퇴한 검은 피부의 마약중독자. 그것

이 그의 실상이었다. 그는 꿈도 미래도 없는 초라한 젊은 영혼에 불과했다. 적어도 힙합이라는 자신의 길을 발견하기 전까지는 말이다.

그는 힙합 가수의 길로 들어서면서 마약중독의 늪에서 빠져 나올 수 있었다. 마약보다 그를 흥분시키고 쾌감을 느끼게 하는 힙합을 발견한 것이다. 그는 고등학교 중퇴라는 학력에 돈도 없고 배경도 없는 가난한 흑인에 불과했지만 지금은 미국에서 가장 성공한 억만장자가 되어 있다.

"한때 마약에 빠지기도 했지만 마약중독을 이길 수 있었던 건 바로 음악에 대한 중독이었습니다. 음악은 나의 꿈이었죠."

음악은 그에게 꿈이었다. 그 꿈을 만나지 못했더라면 그는 마약중독으로 뒷골목에서 처참하게 인생을 마감했을지도 모른다. 무엇에 미치는가에 따라 내 인생은 180도 달라진다.

어렵게 발견한 꿈일수록 더 소중해

제이지는 고등학교 중퇴라는 학력에 마약중독이라는 힘겨운 시간을 보냈지만 그 시간 속에서 자신의 재능과 꿈을 바

라볼 줄 알았다. 힙합 가수라는 꿈을 발견한 이후로도 그는 오랜 세월 동안 언더그라운드에서 무명시절을 보냈다. 그러나 오래 기다리고 오래 아파한 만큼 화려하게 자신을 드러낼 수 있었다. 직접 체험한 밑바닥 인생의 경험은 그의 노래 가사와 신들린 듯한 목소리의 밑거름이 되었고, 해가 거듭될수록 각종 차트를 휩쓸며 예술 래퍼로 자리매김하는 원동력이 되었다.

2004년, 가수로서 정상의 자리에 있던 그는 갑자기 자기 이름이 붙은 의복 사업에 전념하기 위해 무대를 떠난다고 선언하여 사람들을 깜짝 놀라게 했다. 그러나 제이지는 사업에도 성공했고, 사업 시작 후 3년 만에 다시 앨범을 내면서 건재함을 입증해 보였다. 뿐만 아니라 세기의 미녀인 비욘세와 결혼하여 수많은 남성들의 부러움을 사기도 했다.

그를 가장 자극시키는 도전의 말은 바로 '그 정도면 됐다'는 말이다. 좀 더 새로운 것, 더 완전한 것을 추구하는 아티스트로서 남들 하는 정도로만 하면 된다는, 이 정도면 됐다는 자기만족적인 말은 도저히 용납할 수 없기 때문이다.

"아티스트로서 가장 중요한 건 최고를 보여 주는 거예요. 그게 제 궁극적인 목표입니다."

미국 경제전문지 「포브스」는 학벌이 아닌 재능과 열정으로 성공한 7인의 억만장자 중 한 명으로 그를 선정했다. 돈을 많이 번 것이 성공이라고 말할 수는 없다. 다만 그의 성공이 빛나는 건 학벌이나 집안, 인맥 등의 도움으로 그 자리에 선 것이 아니라 자신의 열정과 재능으로 꿈을 이뤘기 때문이다. 제이지에게 어두운 시절의 기억은 패배의 증거가 아니라 새로운 희망을 열어 가는 에너지가 되었다.

젊은 날의 방황은 자신의 꿈을 발견하기 위한 성장통과도 같다. 방황도 없고 고민도 없이 하루하루 편안하게만 흘러간다면 어떻게 진정한 자신의 꿈을 발견할 수 있겠는가. 우리가 방황하는 건 열정이 있기 때문이고, 그 방황 속에서 나의 진짜 마음을 들여다볼 수 있다. 꿈을 쉽게 발견하기를 바라지 마라. 꿈은 그리 쉽게 발견되는 게 아니다. 쉽게 꿈을 발견할 수 있다면 고마운 행운이겠지만, 어렵게 만난다 하더라도 그만큼 소중함을 절실하게 느낄 수 있으니 또한 감사한 일이다.

지금 앞이 보이지 않고 방황의 늪 속에 빠져 있더라도 언젠가 찾을 수만 있으면 된다. 지금 앞길을 막아서고 있는 온갖 나쁜 환경, 나쁜 습관, 나쁜 중독들보다 더 강한 건 바로 꿈이다. 헛된 상처의 기억으로 끝내기 싫다면 나를 막고 있는 아

품 속에서도 꿈을 바라보아라.

'나타나기만 해봐라, 늦게 만난 만큼 확실하게 내 것으로 만들어 주리라.'

지금 흘리는 방황과 아픔의 눈물이 언젠가 꿈을 향해 뛰어드는 내 두 다리에 근력이 되어 줄 것이다.

역경의 기회

찬란한 실패는 인생역전의 힘이다

처음부터 잘 풀리면
너무 시시하잖아

"나는 이래서 이 쇼를 좋아해요.
프로가 아닌 누군가가 재능을 갖고 있는데
전혀 그걸 모르고 일반적인 직업을 가지고 있다가
뭔가 남과 다른 특별한 재능을 발견하게 되는 거죠.
그런 걸 좋아해요."
– 사이먼 코웰(음반기획자)

스릴 넘치는 게 좋아

“어디 한번 해보시죠.”

사이먼은 볼펜을 질겅질겅 씹으며 빈정대듯 말했다.

‘그 꼬락서니로 오페라를 부르겠다고?’

형편없는 모습으로 나와서 오페라를 부르겠다니, 사이먼의 눈에는 배불뚝이 참가자가 가소로웠다. 참가자의 목소리는 물론 패션 하나하나에 이르기까지 독한 멘트를 날리는 것으로 유명한 사이먼의 눈에 배불뚝이 참가자는 기대 밖의 인물이었다. 그런데 이게 웬일? 노래가 시작되자 사이먼은 눈을 크게 뜨고 주인공을 쳐다보았다. 잠시 후 노래가 끝났을 때 자리에서 벌떡 일어나 열렬한 박수를 보냈다.

"당신은 산소 같은 목소리를 가졌어요. 정말 믿어지지 않습니다."

〈브리튼스 갓 탤런트〉 심사위원인 사이먼 코웰이 배불뚝이 참가자인 폴 포츠를 향해 던진 극찬의 멘트였다. 그러나 사이먼은 원래 독한 멘트로 유명했다.

"끔찍하군요. 듣기 힘들었어요. 내 말은 형편없다는 뜻이에요."

"이제 그만! 노래에 대한 당신 꿈을 접을 때가 되었군요."

"레슨 따위는 받지 마세요. 돈 낭비일 겁니다."

"그냥 다 포기하고 집으로 돌아가세요. 두 번 다시 노래할 생각 하지 마세요."

"넌 틀림없이 다음 주에 떨어질 거야."

이게 사이먼의 스타일이다. 어떤 참가자에게는 아예 "나가요!"라고 말하기도 한다.

영국의 스타 발굴 프로그램이던 〈팝 아이돌(Pop Idol)〉을 심사할 때 한 참가자가 사이먼의 혹평을 참다못해 반론을 폈다. 그랬더니 사이먼은 더 독한 멘트를 날렸다.

"너는 그렇게 생각하니까 대중교통 수단을 이용해야 하는 거고 나는 이렇게 생각해서 페라리를 모는 거야."

상대방의 가슴에 비수를 꽂는 독한 멘트를 날리는 사이먼이지만 그의 인기는 하늘 높은 줄 모르고 치솟기만 했다. 재능을 발견했을 때는 확실하고 정말 누구보다 화끈하게 칭찬 멘트를 날리기 때문이었다.

그는 폴 포츠의 심사가 끝난 후 이렇게 말했다.

"난 이래서 이런 쇼를 좋아해요. 누군가가 자신의 재능을 전혀 모르고 일반적인 직업을 가지고 있다가 이렇게 특별한 재능을 발견하는 거죠. 그런 걸 좋아해요."

그는 스릴 넘치는 걸 좋아한다. 왜냐하면 그가 밑바닥에서부터 자수성가하여 인생역전의 스릴을 몸소 경험한 인물이기 때문이다. 그는 누구보다 밑바닥 인생의 치열함을 알고 있었다. 거기서 벗어나기 위한 평범한 사람들의 간절한 희망과 꿈을 기억하고 있었다. 인생역전의 드라마를 이뤄 내기 위해 얼마나 혹독한 대가를 치러야 하는지 알고 있었다. 그래서 부족한 사람에게는 "정신 차려! 지금 자존심이 상하는 게 대수가 아니야!" 하며 눈물이 쏙 빠질 정도로 혹평을 한다. 반면에 진정한 재능을 발견하면 "좀 더 힘내요. 당신은 성공할 가능성이 아주 많아요." 하며 누구보다 열정적으로 찬사를 퍼붓는다.

16번의 전학, 우체국에서 잡일하던 젊은 시절

사이먼 코웰은 영국 「더 타임스」가 선정한 '21세기 첫 10년을 장식한 인물 50인'에서 버락 오바마에 이어 2위에 오를 정도로 막강한 영향력을 가지고 있다. 그러나 그가 처음부터 잘나가는 명사는 아니었다. 어린 시절 보모의 손에서 외롭게 자랐고, 학창 시절 16번이나 전학을 다녀야 할 정도로 모범생은커녕 부적응아, 더 나아가 문제아였다. 그래도 졸업을 하기 위해 학교를 옮겨 다니기까지 했으나 끝내 고등학교 중퇴로 17세 때 학창 시절의 막을 내렸다. 그 후 사이먼은 닥치는 대로 일을 하며 남아도는 시간을 때우려 했다. 사실 뚜렷한 진로를 찾지 못하던 시기였다. 그나마 좀 정신을 차린 다음에야 음반 제작사인 EMI에서 우편물을 담당하는 서기로 일하게 되었다. 그러나 작은 우편실은 이 욕심 많고 야심만만한 젊은이를 오래 붙잡아 두지 못했다.

"이 따위 일을 계속할 수는 없어. 내게 맞지 않아!"

그는 우편실 일을 그만두고 음반기획과 관련된 일을 배우게 되었다. 보다 전문적인 음반기획의 꿈을 품고 회사를 그만두고 음반기획사를 차렸지만 결과는 좋지 않았다. 그는 패잔

병처럼 다시 회사로 돌아와 자신을 받아 달라고 부탁할 수밖에 없었다. 어쩔 수 없이 다시 회사로 돌아오긴 했지만 그의 마음속에는 사업에 대한 미련이 가득 차 있었다. 비록 실패하고 굴욕스럽게 다시 돌아오긴 했지만 그대로 주저앉을 생각은 없었다. 기회만을 노리던 그는 얼마 후 다시 회사를 설립했다.

학창 시절의 부적응, 사업 실패 등 어두운 경험이 많은 사이먼이었지만 두 번째 사업에 도전하면서 자신의 사업적 재능을 발휘하기 시작했다. 그는 음악과 엔터테인먼트에 대한 안목이 있어서 재능 있는 가수를 발굴하여 스타로 만들었다. 그리고 드디어 스타 발굴 프로그램인 〈아메리칸 아이돌〉의 심사위원을 맡아 유명세를 타기 시작했다.

우편실에서 단순 노무에 지쳐 "이 따위 일을 하면서 내 젊음을 모두 낭비해 버릴 수는 없다."고 절망하던 17세 소년은 30년이 지난 지금 엄청난 부를 거머쥔 것은 물론 전 세계적인 유명인사가 되었다. 스타제조기로 불리는 그는 "스타가 되기 위해서는 무엇이 필요한가?"라는 질문에 다음과 같이 말한다.

"성공하기 위해서는 실력, 결단력, 자기관리, 독창성이 필요

하죠. 그리고 행운도 많이 따라야 합니다. 그러나 그것만이 전부는 아니에요. 무엇보다 위험을 감수해야 합니다. 열심히 일하고, 인내심을 기르고, 일을 배울 땐 '스펀지'가 되세요. 그리고 비난을 어떻게 받아들여야 할지 배우세요. 본능적인 직감을 따르고 타협하지 마세요."

인생은 다이내믹하다. 잘되는 사람은 늘 잘되고, 안 되는 사람은 늘 안 되기만 한다면 참으로 살맛 안 날 것이다. 물론 출발선이 달라서 좀 더 쉽게 가는 사람도 있겠지만 본인의 노력과 열정에 따라 결과는 분명 바뀐다. 앞서 가던 사람이 뒤로 가고 뒤에서 출발한 낙오자가 화끈한 인생역전을 이뤄 내는 일도 많지 않은가.

평탄하게만 성장해 온 사람은 뒤늦게 어려운 일을 만나면 금세 무너져 버린다. 그러나 많은 시련들을 자기 힘으로 헤쳐 나온 사람은 어지간한 위기를 만나도 물러서지 않는다. 그에게는 실패를 이겨 낸 경험과 그동안 노력해 온 시간들 속에서 엄청난 내공이 쌓였기 때문이다.

처음부터 잘 풀리는 건 오히려 시시하다. 사이먼 역시 바닥부터 내공을 쌓았기 때문에 독한 심사평을 날리면서도 설득력을 얻을 수 있었다. 그의 심사평에는 오랜 세월 그가 닦아

온 통찰과 안목이 고스란히 들어 있다.

예전에 기자로 활동하던 시절 안성기 씨를 인터뷰한 적이 있었다. 인터뷰 끝에 다음과 같은 질문을 던졌다.

"시나리오 작가가 되려면 어떻게 해야 하나요?"

"영화판에 들어와서 바닥부터 보조 작가로 성장할 수도 있지만, 가장 보편적이고 정통한 방법은 공모전에 당선되는 거예요."

"공모전에 당선되는 게 쉽지 않을 텐데, 실패하면 시나리오 작가가 될 수 없나요?"

"공모전에 떨어지는 걸 겁낸다면 어떻게 시나리오 작가가 되겠어요?"

실패를 두려워한다면 어떻게 꿈을 이루겠는가? 실패는 꿈을 이루기 위해 거쳐야 하는 통과의례다. 처음부터 편하게만 가려는 사람은 끝까지 이리저리 머리만 굴리다가 결국 아무것도 이뤄 내지 못한다. 실패하더라도 발걸음을 떼야 한다. 실패가 없다면 꿈도 없다. 실패를 통해 우리는 강해지고 숨은 재능과 가능성을 발견할 수 있다. 누구에게나 먹구름 같은 장애

와 실패의 아픈 시간이 있을 수 있다.

지금은 비바람이 몰아치고 있어서 먹구름 뒤에 해가 숨어 있는지 알 수 없을지 모른다. 그러나 먹구름으로 가득 차 있는 듯 보여도 그 먹구름 뒤에는 인생역전의 태양이 얼굴을 내밀고 빛나고 있을 것이다.

모든 걸 잃는다 해도
절망을 핑계 대지 마라

"어떤 상황에서도 비관적인 생각을 하지 않았습니다.
항상 희망을 갖고 일하면 부정적인 생각이 사라질 수 있습니다.
하늘은 표정이 밝고 긍정적인 사고를 가진 사람에게
축복을 내려 주는 것입니다!"
– 존 메이저(전 영국 총리)

막노동을 해서라도 가족들을 먹여 살려야 해

"앞으로는 여기서 살아야 한다."

어머니는 힘없는 목소리로 아들에게 말했다. 어린 소년의 눈앞에는 금세라도 무너져 내릴 것 같은 맨션이 서 있었다. 그곳은 영국의 달동네라고 할 수 있는 브릭스톤의 빈민가였다. 아버지의 갑작스런 사업 실패로 어린 존 메이저는 부자 동네에서 가난한 동네로 이사를 오게 된 것이다.

학교에서 돌아올 때쯤이면 어머니는 좁아터진 부엌에서 찌그러진 그릇들을 달그락거리며 끼니를 준비하셨다. 66세의 나이에 존 메이저를 얻은 아버지는 이미 70세가 넘은 노인으로 병에 걸려 구석방의 간이침대에서 꼼짝도 못한 채 누워만 있는 신세였다. 어머니는 점점 생활에 지쳐 갔다. 존 메이저 역시 모든 상황이 암울하게 느껴졌다. 서로가 힘든 상황에 대해서 묵묵히 참아 내려고 애썼지만 가난은 계속해서 그를 따라다니며 발목을 잡았다. 급기야 가정형편 때문에 더 이상 학교를 다니지 못하고 아버지 대신 가족들을 먹여 살리기 위해 일을 찾아야 했다.

처음에는 경리 일을 배우기 위해 견습생으로 일하기도 했지만 오래가지 못했다. 결국 공사판에 뛰어들었다. 시멘트를 혼합하거나 각종 전기공사나 수리를 했다. 열심히 일했지만 나중에는 그런 일자리조차 구하기가 어려웠다.

"아침에는 막노동 일거리를 구하러 다녔지만 대부분 허탕을 쳤습니다. 그런 날에는 오후 내내 1실링짜리 영화관에서 죽치고 있을 수밖에 없었죠."

점점 일자리를 구하기가 어려워지자 실직자 신세로 전락하고 말았다. 때론 노숙자가 되기도 했다. 한동안은 정부에서 지급하는 실업수당을 받으며 겨우겨우 끼니를 해결하며 살아야 했다.

고등학교를 자퇴한 빈민가의 노동자. 그것이 그의 슬픈 자화

상이었다. 아무도 빈민가 길거리를 오가는 막노동꾼 젊은이가 훗날 나라를 이끌 총리가 되리라고는 생각하지 못했다.

교통사고로 절름발이가 되고

막노동으로 하루 벌어 하루 먹고사는 생활에 지친 존 메이저는 잠깐 인연을 맺은 적이 있는 금융 관련 일을 다시 해보려고 마음먹었다. 실업수당으로 버티던 그는 은행에서 일할 수 있는 행운을 잡게 되었다.

모처럼 새로운 도전을 했지만 그곳에서도 한 자리에 오래 앉아 있는 것이 힘들었다. 결국 오래 버티지 못하고 다른 은행으로 직장을 옮겼지만 옮긴 은행에서 아프리카 나이지리아로 발령을 받았다. 존 메이저의 학력이나 업무 능력이 그다지 신통치 않았기 때문이다.

당시 나이지리아는 비아프라전쟁이 절정에 이르고 있어서 위험한 상황이었다. 게다가 또 다른 시련이 다가왔다. 나이지리아에서 교통사고를 당한 것이다. 그 사고로 인해 그는 왼쪽 무릎 아래가 완전히 부서졌고, 절름발이가 되어 영국으로 돌아와 1년이나 병원에 입원하여 치료를 받아야 했다.

"어째서 나는 이렇게 되는 일이 없을까? 왜 이런 사고와 장애가 다른 사람이 아닌 나에게 일어나야 하는 것일까?"

존 메이저에게 이 시련은 아주 긴 터널과도 같았다. 아무것도 가진 게 없는 빈곤층에서 겨우 자리를 잡는 듯했으나 곧이어 닥친 사고로 인해 절름발이가 된 자신에게 앞으로 어떤 인생이 펼쳐질지 두렵기도 했다. 자신을 둘러싼 암울한 일들의 끝이 어디인지 알 수가 없었다. 가난, 고등학교 자퇴, 막노동꾼, 노숙자, 그리고 절름발이가 된 존 메이저. 만약 당신이라면 그런 상황에서 어떤 생각을 했을까? 십중팔구 자신의 신세를 비관하여 절망하거나 하늘을 원망하거나 자포자기의 심정이었을 것이다.

그러나 그는 웃었다. 억지로라도 웃으려 애썼다. 신세 한탄만 한다고 달라지는 건 아무것도 없다는 걸 본능적으로 알고 있었다. 참고 기다리면 언젠가 지금의 암울한 터널이 끝나리라 믿었다.

더욱 놀라운 것은 그가 그러한 역경 가운데서도 정치에 대한 꿈을 꾸고 있었다는 사실이다. 그는 학교를 자퇴한 후 브릭

스톤의 보수당 청년당원으로 입당했다. 그때부터 이미 정치에 대해 뜻을 가지고 있었던 것이다. 그 후 막노동을 하면서도, 시멘트를 배합하면서도, 실업수당을 받아 근근이 끼니를 해결하면서도, 나이지리아에서 교통사고를 당해 절름발이가 된 순간에도 정치에 대한 꿈을 바라보고 있었다. 자신이 처한 현실과 어울리지 않을 것만 같은 꿈이었다. 그는 마음속으로 늘 이렇게 결심하곤 했다.

"역경을 핑계 대지는 않겠다. 아무리 힘들어도 절망을 핑계 대지는 않겠다!"

쥐뿔도 없다고? 천만에!

1953년 봄, 그가 열 살이 되던 해 아버지는 존 메이저와 함께 시내 구경을 나갔다. 아버지가 몸져눕기 전이었다. 그들은 런던의 다우닝가 10번지에서 한 저택을 발견하였다. 존 메이저가 아버지에게 물었다.

"아버지, 저 저택은 누구의 집이에요?"

"저 집은 우리나라 총리가 사는 집이란다."

"총리요?"

존 메이저의 눈은 빛났다.

"그래, 총리가 되면 저 집에 들어가서 살게 되지."

"아빠, 저 집을 사고 싶어요."

"저 집은 사는 게 아니란다."

아버지는 가지고 다니던 카메라에 총리관저의 모습을 담았다. 그리고 그 사진을 아들의 책상 앞에 걸어 주었다.

"존, 열심히 노력해서 언젠가 그 집에 살도록 해라."

그의 꿈을 키운 것은 학력이나 배경 따위가 아니었다. 남들보다 많이 가진 것은 오직 가난과 역경뿐이었다. 그런데 그는 절망적인 상황에서도 허우적대지 않고 오히려 역경을 먹고 자랐다.

1990년, 마거릿 대처의 뒤를 이어 그는 영국의 최연소 총리가 되었고, 47년 전 아버지와 함께 보며 꿈꾸던 다우닝가 10번지의 총리관저로 당당히 입성할 수 있었다.

총리가 된 후 한 기자가 그에게 물었다.

"메이저 총리님, 어려운 환경에서 많은 실패와 역경을 어떻게 이겨 낼 수 있었습니까?"

존 메이저는 이렇게 대답했다.

"어떤 상황에서도 비관적인 생각을 하지 않았습니다. 항상 희망을 갖고 일하면 부정적인 생각이 사라질 수 있습니다. 하늘은 표정이 밝고 긍정적인 사고를 가진 사람에게 축복을 내려 주는 것입니다!"

어린 시절 학교 생활기록부에는 '존 메이저는 너무 건방지고 전혀 화해할 줄 모르는 학생'이라 쓰여 있었지만, 30여 년이 지난 후 사람들은 그를 '소통과 설득의 정치인'이라고 말했다.

한번은 기자들이 존 메이저 총리에게는 졸업장이 두 개밖에 없다는 것을 지적하자 그는 이렇게 대응했다.

"그런 일은 쓸데없는 짓입니다. 가짜로 학교 졸업장을 증명해 보이는 바보 같은 짓은 하지 않겠습니다. 그 일은 나 자신 이외에 누구와도 아무런 상관이 없는 일이기 때문입니다!"

이미지 메이커들은 늘 흰머리를 그대로 드러내며 회색 넥타이에 수수한 회색 정장을 입고 다니는 이 정치인에게 총리의 격에 맞는 멋스런 이미지를 만들자고 제안했지만 그는 이렇게 대응했다.

"나는 이대로가 좋습니다. 그러므로 사람들은 지금의 나를 있는 그대로 받아들여야 할 것입니다. 이미지 메이커들의 손

에 놀아나지 않겠습니다.”

그는 학력 앞에서도, 외형적인 이미지에 대해서도 무언가를 덧붙이고 꾸미려 하지 않았다. 있는 그대로 당당하게 서기를 원했다. 역경 앞에서도 마찬가지였다. 뒤로 빼거나 도망가기를 원치 않았다. 가난하면 가난한 대로, 슬프면 슬픈 대로, 다리가 불편하면 불편한 대로, 닥친 그대로를 긍정적으로 받아들였다. 그것이 그가 가진 당당함이었다.

쥐뿔도 없는 청춘이었던 존 메이저였지만 누구보다도 당당한 열정을 가지고 있었고 주변 여건 때문에 기죽지 않았다. 비록 가난에 찌든 성장과정을 보냈지만 그런 환경 속에서도 자식들을 위해 희생하려 한 부모를 자랑스럽게 생각했다. 자신의 학력에 대해서도 “학교에서보다 사회에서 직접 얻은 경험에서 더 많은 것을 배웠다.”고 강조했다. 그리고 ‘학교 성적표가 인생의 성적표가 될 수는 없다’는 사실을 온몸으로 증명해 보였다. 또한 노동현장에서 고생하던 시절이 “인생에서 필요한 많은 것을 배운 귀중한 시간이었다.”고 강조했다.

‘숱한 고생과 역경 때문에 그의 정치가 메마른 정서와 왜곡된 사고를 갖게 되지 않았을까’ 하고 염려하는 사람도 있었지만, 그는 오히려 밑바닥 서민들의 삶을 몸소 체험하고 그들의 입장을 이해할 수 있는 정치인으로 성장했다.

존 메이저는 역경 때문에 쓰러지지 않고, 오히려 역경을 통해 자신의 꿈인 정치인이 되는 데 필요한 자양분을 맘껏 흡수하며 성장했다.

세상과 맞서기로 마음먹는다면 역경을 통해서 배울 것은 얼마든지 많다. 성적이 떨어지는 것은 작은 시련이지만 그 시련을 통해 긴장하고 오기가 발동해서 더 열심히 공부할 수 있게 된다면 오히려 시련이 약이 된 게 아닌가.

루게릭병으로 온몸이 마비되었음에도 세계적인 과학자가 된 스티븐 호킹 박사는 이렇게 말했다.

"신체적 장애가 나의 온전한 삶을 막지는 못합니다. 장애는 오히려 행운이었습니다. 몸이 마비되었기에, 어디를 다니거나 운동을 할 수도 없었고 오직 연구에만 몰두할 수 있었습니다. 그래서 지금의 위치에 오를 수 있었던 것입니다."

역경 자체는 우리에게 아무 짓도 할 수 없다. 역경을 대하는 우리의 태도에 따라 역경이 우리를 쓰러뜨릴 수도 있고, 우리가 역경을 쓰러뜨릴 수도 있다.

모든 것을 잃는다 해도, 아무것도 가진 게 없더라도 절망을

핑계 대지 마라.

안 된다고 말하는 건 내 안의 두려움일 뿐이다.

역경 속에 숨은
기회를 놓치지 마라

그래도 꿈꿀 이유가 있어

1955년, 캘리포니아에 세계 최초의 테마파크인 '디즈니랜드'를 개장한 월트 디즈니는 다시 새로운 꿈을 바라보기 시작했다. 월트는 이미 성공한 사업가요 만화영화 제작자였지만 그것에 만족하지 않았다. 캘리포니아에 세운 디즈니랜드는 웅대한 계획의 시작에 불과했다. 디즈니랜드와는 비교할 수도 없이 크고 웅장한 새로운 세계를 아직 황무지에 불과한 플로리다 주에 세울 계획이었다.

"월트가 종종 미친 짓을 하긴 하지만 이건 정말 미친 짓이야. 실패할 게 분명해."

평생 그의 동반자 역할을 한 형 로이마저도 동생을 뜯어말렸다. 그러나 월트의 가슴에는 이미 황무지인 플로리다 주에 자신이 그린 꿈의 월드가 세워진 모습이 보였다.

'아무리 불가능해 보여도 도전할 이유는 충분해.'

가능성이 충분한 일만 꿈꾸었다면 그때까지 촌구석에서 이름 없는 잡지 만화나 그리고 있었을지도 모른다.

어린 시절부터 눈물이 솟구칠 때 오히려 자신만의 세계를 꿈꿔 온 월트였다. 어린 시절 성미가 급하고 엄한 아버지의 매질은 늘 그를 힘들게 했다. 다른 형들은 그런 아버지가 싫어 가출해 버렸고, 집을 떠나지 못한 월트와 바로 위의 형 로이만이 서로를 의지하며 농장일을 돕고 있었다. 가끔 아버지에게 호된 매질을 당한 날이면 그는 풀밭에 누워 하늘을 바라보며 이런저런 상상을 하면서 마음을 위로했다.

아버지가 농장을 접고 캔자스시티의 신문보급소를 운영하게 되자, 아홉 살의 월트는 신문배달을 해야 했다. 어떤 날은 너무 힘들어 현관문 앞에 웅크린 채 잠이 들기도 했다.

철이 들수록 만화에 대한 관심이 깊어져 따분하게만 느껴지던 고등학교를 그만두었고, 시카고예술학교에서 수업을 받으며 만화에 대한 꿈을 키웠다. 제1차 세계대전에 16세의 나

이로 참전했을 때에도 그는 스케치북을 놓지 않았고 재미있는 만화를 그리면서 전우들에게 즐거움을 주곤 했다. 아버지에게 혹독한 매질까지 당하면서 불우하게 자란 그였지만 늘 재미있고 따뜻한 이야기와 미래의 꿈을 상상했다. 황무지에 세워진 디즈니월드를 상상하듯이 말이다.

그는 가슴속에 꿈을 창조하는 힘을 가지고 있었다. 그것은 불행을 긍정적으로 바꾸는 힘이었다. 그는 눈앞에 펼쳐진 가혹한 현실 속에서도 만화를 그렸고, 불가능해 보이는 꿈을 상상하면서 삶의 에너지를 찾았다. 아무리 어려워도 그에게는 꿈꿀 이유가 있었던 것이다.

처음부터 성공은 내 안에 있었던 거야

전쟁이 끝난 후 그는 고향으로 돌아와 광고대행사에서 삽화를 그렸지만 오래가지는 못했다. 신문에 들어갈 삽화를 그리는 것만으로는 생계를 해결하기 힘들었는데, 설상가상으로 해고까지 당했다.

"자네는 창의성이 부족해. 해고야!"

지금 월트 디즈니는 그래픽 예술 분야에서 가장 뛰어난 상상력과 창의적인 재능을 가지고 있었다고 평가받지만 자신의 재능을 인정받지 못하고 실의에 빠졌던 젊은 시절이 있었다. 신문사에서 해고를 당한 그의 불행은 아직 한참 남아 있었다. 단편만화영화를 만들었으나 실패했고, 할리우드에 있는 영화사에 취직하자마자 회사는 부도가 났다. 다른 회사를 구하려 했으나 아무도 그를 받아 주지 않았다. 결국 형 로이와 함께 '디즈니 브라더스'라는 애니메이션 스튜디오를 차리고 〈토끼와 오즈월드〉라는 애니메이션을 만들었지만 모든 수익을 배급사에 빼앗기고 말았다. 최악의 상황이었다. 이제 더 이상 무언가를 해볼 엄두도 나지 않았다. 그는 아직 서른 살도 되지 않았지만 지난 십 년 동안 너무 많은 도전을 했다. 마치 세월이 수십 년은 흐른 것처럼 느껴지기도 했다.

그는 모든 것을 잃고 고향으로 돌아가는 기차에 올랐다. 기차에서 생각에 잠겨 있는데 문득 한 마리 생쥐가 떠올랐다.

"쥐? 생쥐라고? 그래!"

새로운 캐릭터가 떠오른 것이다. 그는 정신없이 스케치를 하면서 머릿속에 떠오른 캐릭터를 완성해 나갔다. 그 캐릭터가 바로 세계적인 캐릭터, '미키 마우스'였다.

"미키는 항상 내 주위를 맴돌고 있었습니다. 어느 날 갑자기 나타난 그런 캐릭터는 아니었죠. 너무 친근한 얼굴이기에 나는 그냥 그를 그리기만 하면 되었습니다."

행운의 여신이 그에게 손짓을 하고 있었다. 그는 마지막 시도라 생각하고 친척에게 어렵게 500달러를 빌려 만화영화 제작에 들어갔다.

드디어 1928년 11월 18일, 미키 마우스가 휘파람을 불며 모습을 드러내자 사람들은 그 귀여운 모습에 열광했다. 월트 디즈니의 성공이 시작되고 있었다. 정말 셀 수 없이 많은 실패를 거듭한 후 마지막 순간에 찾아온 성공이었다. 그러나 오래전부터 그의 상상 속에 미키 마우스가 존재했듯이, 성공도 오래전부터 그의 가슴속에 있었던 것은 아닐까? 다만 숱한 실패와 시행착오 끝에 모습을 드러내었을 뿐이다. 월트 디즈니는 실패의 경험을 통해 자신 안에 있는 미키 마우스, 즉 성공의 실마리를 끄집어낼 수 있었다.

가슴속 꿈을 현실로 만들다

기회가 항상 찬란하게 다가오는 것은 아니다. 기회는 오히려 수수하고 소박한 옷을 입고 슬며시 찾아온다. 그래서 많은 사람들이 기회를 눈치채지 못하고 박대하다가 인생역전의 기회를 잡지 못하고 흘려보내곤 한다. 우리를 더 헛갈리게 하는 건 일생일대의 기회가 눈물이 뒤범벅이 된 불행 가운데 숨어서 오는 경우다. 닥친 역경에 놀라 걱정과 혼란에 빠져 있는 동안, 기회는 종종걸음을 치며 사라져 버린다.

월트 디즈니는 가장 밑바닥까지 추락해 있는 순간에 가장 큰 기회를 만났다. 마치 과거의 모든 고생을 일순간에 보상이라도 해 주듯 크고도 찬란한 기회였다. 그는 기회를 놓치지 않고 미키 마우스를 꽉 잡았다. 〈미키 마우스〉를 성공시킨 후 〈백설 공주와 일곱 난쟁이〉, 〈피노키오〉, 〈판타지아〉, 〈밤비〉 등을 연이어 흥행시키면서 만화 제작의 역사를 새로 썼다. 그리고 그것에 머무르지 않고 디즈니랜드를 건설하고 플로리다 주에 디즈니월드 건설까지 추진했다.

하지만 그는 디즈니월드의 완공을 보기 전 폐암 판정을 받게 되었다. 병원에 누워 있는 월트에게 형 로이가 찾아왔다.

디즈니는 누운 채로 천장을 바라보며 손가락으로 디즈니월드
에 건설할 모든 것들을 알려 주었지만 불행히도 디즈니월드
완공을 보지 못하고 세상을 떠났다. 디즈니월드가 완공되고
오픈식을 하던 날, 한 초청 인사가 단상에 올라가 인사말을
하며 안타까워했다.

"월트 디즈니가 살아 있다면 이 놀라운 광경을 직접 볼 수
있었을 텐데……."

그러나 월트의 아내 릴리언은 다음 순서로 단상에 올라가
이렇게 말했다.

"아닙니다. 월트는 이미 디즈니월드의 모습을 보았습니다.
디즈니월드는 남편이 상상 속에서 이미 본 것을 만들어 낸 것
뿐입니다."

모든 꿈은 가슴속 꿈이 현실로 나타난 것이다. 모든 것은
두 번 창조된다. 첫 번째 창조는 가슴속에서, 두 번째 창조는
현실 속에서 이루어진다. 월트 디즈니의 말이다.

대충 해서 성공할 수 있는 게 인생이라면 얼마나 만만하고
시시한 것인가. 쉽게 이룰 수 있다면 꿈이라 부르겠는가? 꿈
은 처음에는 이루기 힘들어 보이고 멀리 있어 다가갈 수 없을
것처럼 느껴진다. 그러나 밀고 당기고 도전하고 실패하면서 열

릴 듯 싶으면서도 안 열릴 듯한 문을 향해 걸어가는 사람에게만 기회와 성공을 허용하는 인생이기에 꿈꾸고 도전할 가치가 있다.

그러니 앞을 봐라. 내 앞에 장애나 역경이 있다고 하더라도 그 안에 숨어 있는 기회와 희망을 놓치지 마라.

운명의 신은 마지막을 좋아한다. 처음부터 평탄하게 잘되어 간다면 오히려 그런 행운을 경계해야 한다. 곧이어 '꽝' 하고 폭탄을 맞을지도 모를 일이다.

바람이 불 때 연을 날리는 법이다. 바람이 거셀 때야말로 풍차가 힘차게 돌아가기 시작한다. 바람이 분다고 걱정만 하고 있을 것인가? 아니면 바람을 기회 삼아 풍차를 돌리겠는가?

두려워 마라,
큰 성공은 찬란한 실패 뒤에 온다

"트위터는 사용자들이 손쉽게 정보를 나눌 수 있도록 설계해
짧은 시간에 폭넓은 인기를 얻었습니다.
성공하는 아이디어란 다 지나고 나면 명백한 것입니다.
뻔하지만 남들이 보지 못하는 것을 보는 게 중요합니다."
– 에반 윌리엄스(트위터 공동 개발자)

끌리는 일에 끝까지 매달려 볼 거야

"트위터의 핵심 아이디어는 삶의 순간들을 사람들이 원할 때 언제나 공유할 수 있다는 것입니다. 중대한 사건들이나 평범한 것이나 말입니다. 서로 멀리 떨어져 있어도 실시간으로 연결되어 있음을 느끼게 하는 거죠. 이것이 개발 초기부터 생각한 트위터의 주요 기능이며 우리를 흥분하게 만드는 것입니다."

2009년, 트위터 공동개발자이자 CEO인 37세의 젊은 사업가 에반 윌리엄스가 TED(Technology Environment Design, 세계에서 가장 유명한 지식컨퍼런스 중 하나)에서 트위터에 대해서 강연을 하고 있었다. 아무나 초청받는 자리가 아니었다. 지금은 스포트라이트를 받으며 열정적으로 강연을 하는 윌리엄스지만 그는 불과 몇 년 전만 해도 사업을 접을까 고민하던 실패한 사업가에 불과했다.

윌리엄스는 농부의 아들로 태어났지만 농사일에는 관심이 없었다. 그는 집에서 책 읽는 것을 좋아하는 사색형 소년이었다. 집에서 소를 키웠지만 정작 계란도 우유도 먹지 않는 철저한 채식주의자로 성장했다. 고등학교를 졸업한 후 네브래스카 대학교에 진학했지만 고작 1년 반을 다니다 자퇴해 버렸다.

"대학은 시간 낭비 같았습니다. 빨리 나의 일을 하고 싶었죠."

자신의 일을 찾고 싶어서 대학을 자퇴한 그였지만 정작 3년이나 외지를 떠돌다가 고향으로 돌아와서야 사업을 시작했다. 인터넷 사용법을 담은 비디오와 CD를 파는 일이었다. 당시는 인터넷 대중화 트렌드가 불붙기 시작하던 때였다.

"인터넷에 대해 아무것도 몰랐지만 왠지 앞으로 중요해질 것 같아서 몹시 끌렸다."

그는 인터넷에 대해서 잘 몰랐다. 기술도 없었고, 경영 경험도 없었다. 다만 인터넷이 앞으로 대세일 거라는 느낌만 왔을 뿐이다. 세상이 변하기 전에 한발 앞서 미리 꿈을 꾼 것이다.

물론 꿈꾼다고 금세 뭔가 결과가 나오지는 않는다. 에반 역시 대학을 자퇴하고 사회에 발을 들여놓은 이후 거의 10년 가까이 고정적인 수입이 없이 빈곤한 생활을 계속했다. 무작정 개발하고 노력했지만 현실은 만만치 않았다. 그래도 미친 듯이 인터넷을 파고들어 갈 수밖에 없었다.

컴퓨터 앞에서 밤을 꼬박 새운 다음날 아침, 그는 모닝커피가 너무 마시고 싶었다. 지난밤에 일에 몰두하느라 잠을 못 잔 피곤함에는 모닝커피가 큰 위안과 행복이 될 테니까. 그러나 자판기 커피를 뽑을 동전 몇 닢조차 없었다.

'커피, 커피, 커피……'

그는 모닝커피에 집착하며 주머니를 뒤지고 심지어 소파 틈새까지 샅샅이 뒤지며 동전 몇 닢이 나오기를 열망했지만 결국 허탕만 쳤다.

'젠장, 젠장! 커피 마실 돈도 없단 말이야?'

그는 더 이상 잃을 게 없었다. 하는 수 없이 모든 걸 접었지만 그는 계속 인터넷 관련 사업에 매달렸다. 끝까지 한번 도전해 볼 심산이었다.

또 한 번의 실패, 또 한 번의 성공

샌프란시스코에서 프로그램 개발 회사를 만든 그에게 첫 번째 행운이 찾아왔다. 2003년, 보조 프로젝트로 진행한 애플리케이션 '블로그(Blog)'가 구글에 매각되어 대박을 터뜨린 것이다. 우리가 잘 알고 있는 블로그는 바로 에반 윌리엄스의 창작물이었다. 매각금액은 무려 5,000만 달러. 우리 돈으로 550억 원에 해당하는 금액이다.

블로그로 인생역전의 신호탄을 터뜨린 에반은 2004년에 구글에서 독립하여 오데오라는 벤처기업을 차렸다. 디지털 음성 파일인 '포드캐스트(Podcast)'를 만들고 검색하는 웹 서비스를 개발하는 회사였다.

'포드캐스트 업계의 구글이 되겠어!'

이렇게 야심차게 시작했지만 결과는 실패였다. 시장에서는 포드캐스트를 거들떠보지도 않았기 때문이었다. 그는 다시 위기를 맞았다. 경영은 어려웠고 야심 찬 프로젝트가 실패로 돌아간 것에 대한 후유증도 컸다. 에반은 사업을 접을 수밖에 없었다. 더 이상 끌고 갈 수가 없었다.

"이제 정말 회사 문을 닫아야 할 거 같군. 어떻게 하지?"

동료들과 모여 회사의 미래를 놓고 의논을 했다. 그때 문득 엔지니어인 잭 돌시가 입을 열었다.

"마지막이라 생각하고 이거 한번 해보면 어때? 오래전부터 그냥 생각해 본 건데……."

"뭔데?"

"사람들이 서로 어디서 뭘 하고 있는지 짧은 문자메시지로 주고받는 웹 서비스인데 말이야……."

"어디서 무엇을 하는지 웹에서 문자메시지로 주고받는다고?"

140자로 소식을 주고받는 트위터의 첫 출발이 시작되었다. 만약 포트캐스트 사업이 성공했더라면 트위터는 세상에 모습을 드러내지 못했을지도 모른다. 그저 한 엔지니어의 스쳐 지나간 생각으로 끝나 버리고 말았을 것이다. 에반 윌리엄스, 비즈 스톤, 잭 돌시는 회사를 살리기 위해 다시 한 번 프로젝트에 몰입했다. 2006년, 에반 윌리엄스는 회사명을 오비어스(Obvious)로 바꾸고 트위터 서비스를 시작하였다.

윌리엄스는 두렵지 않았다. 트위터는 재미가 있었다. 가능성이 보였고, 자신들이 제대로 해내기만 한다면 승산이 있었다. 그러나 사람들은 부정적인 전망을 내놓기도 했다.

"트위터가 재미있긴 한데 전혀 유용하지도 않고 쓸 데가 없

기 때문에 크게 성공하기는 힘들 것 같군."

윌리엄스는 이렇게 응수했다.

"아이스크림도 별로 유용하지는 않아요."

부정적으로 생각하는 사람은 시작도 하기 전에 안 될 것만 생각해서 시작조차 하지 않으려 한다. 그러나 된다고 믿는 사람은 가능성을 믿고 도전한다. 설사 실패한다 하더라도 다시 도전해서 언젠가는 성공시키리라 마음먹는다.

트위터의 공동 개발자이자 오비어스의 공동 창업자인 비즈 스톤은 한 인터뷰에서 이렇게 강조했다.

"성공은 실패에서 온다. 기꺼이 실패할 수 있어야 성공한다. 극적으로 성공하고 싶으면, 찬란하게 실패할 준비가 돼 있어야 한다."

성공은 언제나 실패의 연장선상에 있다. 성공은 실패 속에서 건져 올리는 한 마리의 빛나는 '금빛 대어' 같은 것이다. 어떤 길을 가도, 어떤 꿈을 꾸더라도 실패 없이는 목표지점에 도달할 수 없다. 아무런 장애나 역경 없이 도달할 수도 없다.

자신의 아이디어와 열정으로 도전한다면 실패도 빛날 수 있다. 빛나는 실패의 경험은 더 큰 성공을 가져다준다. 트위터의 성공이 있기까지 수많은 도전과 실패가 있었던 것처럼 말이다.

꿈을 발견하고 그 꿈을 이루려 한다면 실패나 역경을 두려워하지 마라. 시행착오나 실패를 아무렇지도 않게 생각하고 타성에 젖으라는 말은 절대 아니다. 실패를 과정으로 여기고, 그것을 통해 많은 것을 배우고 나를 강하게 만들어야 한다는 뜻이다. 시험 한번 망쳤다고 인생을 망치는 것은 아니잖은가. 다음 시험을 위해서는 망친 시험을 분석해 기회로 삼아야 한다. 야구 역사상 최고의 홈런왕으로 불리는 미국의 베이브 루스는 최고의 삼진왕이기도 했다.

미국 샌프란시스코에 있는 트위터 본사에는 다음과 같은 말이 적혀 있다.

"내일은 더 좋은 실수를 하자(Let's make better mistakes tomorrow)!"

성공과 실패는 끝없이 반복된다. 그러니 실패를 하느냐 안 하느냐 보다 실패를 어떻게 활용해 나가느냐가 중요하다. 트위터 본사에 걸려 있는 말처럼 좋은 실수라면 오히려 유익하다. 베이브 루스가 수없이 저지른 삼진아웃을 통해 역량을 길

렀듯이 수없이 많은 실수와 실패를 통해 우리는 성장할 수 있다. 실패는 연습게임이다. 연습게임에서 이런저런 경험을 다 해 봐야 실전에서 승기를 잡을 수 있지 않겠는가. 연습게임에서 완벽하기 위해 아무것도 경험해 보지 못한다면 정작 중요한 실전에서 이길 수 없다.

1장. 긍정의 올인 :
오직 나 자신을 향해 달려라

이청용 (1988~)

축구선수. 남아공월드컵 국가대표팀의 한 명(MF). 꿈을 위해 중학교를 자퇴하고 프로축구선수가 되었으며, 청용이라는 이름을 따서 '블루 드래곤'이라는 별명이 있다. 2009년, 잉글랜드 프리미어리그의 볼턴 원더러스 FC로 이적하여 대한민국 일곱 번째 프리미어리거가 되었으며, 남아공월드컵에서 풀타임 출전하여 2골을 기록하며 대한민국을 16강으로 이끌었다.

폴 포츠 Paul Robert Potts (1970~)

영국 출신의 오페라 가수. 2007년, 영국 리얼리티 TV 프로그램 〈브리튼스 갓 탤런트〉를 통해 휴대전화 판매원에서 세계적인 스타가 되었다. 당시 이 동영상은 유튜브에서 1,800만 건이 넘는 조회 수를 기록했다. 1집 앨범 〈One Chance〉는 500만 장 이상이 팔렸다.

허영만 (1947~)

대한민국의 대표 만화가. 서양화가가 되려고 했었으나 미술대학 진학을 포기하고 곧바로 한 만화가의 문하생으로 들어갔다. 최근 연재를 마무리한 『식객』과 『꼴』 등의 작품은 그가 얼마나 치열하게 작품을 창작하는지 잘 보여 준다. 『아스팔트 사나이』『비트』『타짜』『식객』 등은 드라마와 영화로 만들어졌다.

지젤 번천 Gisele Bundchen (1980~)

브라질 출신의 세계적인 톱 모델. 1996년, 브라질 상파울루에서 모델 수업을 받다가 미국 뉴욕으로 옮겨 정식으로 패션계에 데뷔했다. 보그, 빅토리아 시크릿 등 세계적인 브랜드의 모델로 활동하면서 명성을 키웠다. 「포브스」가 선정한 고등학교를 자퇴한 백만장자 7명 중 한 명이다.

2장. 창조의 도전 :
　　내가 가는 길이 새 길이 된다

스티브 잡스 Steven Paul Jobs (1955~)

아이폰, 아이패드 등을 개발한 애플사의 CEO. 젊은 시절 대학을 자퇴하고 워즈니악과 함께 개인용 컴퓨터를 개발하고 애플사를 창업했다. 그 후 임원진에게 쫓겨났지만, 다시 돌아와 쓰러져 가는 애플사로 돌아왔다. 아이팟, 아이폰, 아이패드 등 아이 시리즈를 히트시키면서 애플사를 극적으로 되살려 냈다. 애플사를 떠나 있는 동안 애니메이션 사업에도 크게 성공한 바 있다.

비즈 스톤 Biz Stone (1974~)

세계적인 돌풍을 일으키고 있는 트위터의 공동 창업자 겸 공동 개발자. 대학을 두 번이나 자퇴하고 그래픽 아티스트로 사회생활을 시작하였다. 인터넷 회사에서 20년 가까이 일한 경력을 가지고 있다. 구글의 블로거 관련 팀에서 일하다가 에반 윌리엄스의 사업에 합류했다. 트위터를 공동 개발하면서 에반과 함께 오비어스사를 다시 창업했다.

제임스 카메론 James Francis Cameron (1954~)

미국의 영화감독. 〈터미네이터 1〉, 〈터미네이터 2〉, 〈에일리언 2〉, 〈타이타닉〉, 〈아바타〉 등 세계적인 흥행작을 만들어 냈다. 대학을 자퇴하고 영화판에 뛰어들어 밑바닥부터 일을 배웠다. 그는 과학과 예술을 통합하는 것에 관심이 많았고, 〈터미네이터〉를 찍기 시작하면서부터 자신의 재능을 발휘하기 시작했다.

오노 요코 Ono Yoko(1933~)

일본 출신의 음악가, 반전운동가, 여성운동가, 전위예술가, 사업가. 세계적인 팝스타 비틀즈의 멤버 존 레논의 아내로 알려졌다. 그러나 존 레논이 암살당하고 혼자 된 후 비로소 그녀만의 독창적인 예술세계에 대한 재평가가 이루어졌다. 현재까지 레논 재단을 운영하는 한편, 예술가로서 왕성하게 활동하고 있다. 2010년 6월 우리나라에서도 그녀의 전시가 열린 바 있다.

3장. 마음의 선택 :
내 마음의 지도를 따라가라

빅뱅 BigBang (2006~)

G-드래곤(리더, 보컬, 랩), 태양(보컬, 랩), T.O.P(랩, 보컬), 대성(보컬), 승리(보컬) 등으로 이뤄진 5인조 남성 아이돌 그룹. 2006년, 곰TV를 통해 공개된 총 11편의 〈리얼다큐 빅뱅〉을 통해 아이돌 그룹이 어떤 연습 과정과 경쟁을 거쳐 데뷔하는지를 보여 주며 스타 탄생을 예고했다. '거짓말', '마지막 인사', '붉은 노을', '하루하루' 등 수많은 히트곡을 냈다.

이외수 (1946~)

마니아 독자층을 형성하고 있는 기인 소설가. 춘천교육대학교를 자퇴하고 자신이 원하는 꿈을 향해 노숙생활과 가난도 불사하여 오늘날 최정상의 작가가 되었다. 첫 장편소설 『꿈꾸는 식물』이후 『하악하악』『청춘불패』 등 다수의 베스트셀러가 있다.

조지 거슈인 George Gershwin (1898~1937)

재즈와 클래식을 넘나들던 미국의 천재 음악가. 고등학교를 자퇴하고 극장 등에서 피아노를 치는 아르바이트를 하다가 작곡가의 길로 들어섰다. 비록 정규 교육을 많이 받지 못했으나 꾸준히 음악의 길을 걸었고, 10년이라는 짧은 활동기간 동안에 음악가로서 최고의 명성을 차지했다. 39세의 아까운 나이에 뇌종양으로 사망했다.

진보라 (1987~)

재즈 피아니스트. 학교 밖에서 자신만의 음악세계를 당당하게 만들어 온 뮤지션. 현재 방송, 영화, 잡지화보, CF, MC 등 다양한 활동으로 젊음을 발산하며 꿈을 향한 내공을 쌓고 있다.

4장. 꿈의 발견 :
방황하라, 그 끝에 꿈이 있다

김장훈 (1967~)

기부왕, 기부천사, 공연쟁이라고 불리는 대중가수. 1991년에 데뷔한 이후 줄기차게 공연활동을 했으며 남모르는 선행과 기부로 더욱 알려졌다. 불우한 성장과정과 고등학교 자퇴 등 아픈 과거를 갖고 있었지만 노래와 기부를 통해 새 삶을 찾았다.

브라이언 트레이시 Brian Tracy (1944~)

무일푼으로 성공한 백만장자. 브라이언 트레이시 인터내셔널의 CEO. 고등학교 학력이 전부였지만, 아프리카를 종단한 후 깨달음을 얻고 뒤늦게 공부를 시작하여 MBA를 취득하고 경영학 박사 학위까지 받았다. 브라이언 트레이시 인터내셔널을 설립하기 전까지 22개의 직업을 거치며 다양한 분야에서 수많은 성공을 이루었고, 현재 세계적인 비즈니스 컨설턴트이자 전문 연설가로 활동하고 있다.

준초이 Joonchoi (1952~)

사진 아티스트. 본명은 최명준. 광고 사진계에서 가장 비싼 사진을 찍는 사진가로 알려졌다. 고등학교를 자퇴한 후 사진을 배우기 위해 일본 유학을 떠났고, 뉴욕에서 경력을 쌓은 후 한국으로 돌아왔다. 인물 사진에 관심이 많아 백건우, 조수미, 윤석화, 신영옥, 정 트리오 등을 찍었으며 현재 자신의 사옥에서 '준초이 스튜디오'를 차렸다.

제이지 Jay-z (Shawn Corey Carter, 1969~)

미국 힙합계의 제왕이라 불리는 힙합 뮤지션이자 성공한 사업가. 섹시 미녀 비욘세(Beyonce Giselle Knowles)의 남편. 미국 브루클린에서 고등학교를 중퇴하고 마약을 팔며 암울한 젊은 시절을 보냈으나 힙합가수의 길에 뛰어들어 성공했다. 밑바닥 삶을 표현하는 깊이 있는 가사와 열정적인 목소리로 수많은 마니아를 거느리고 있으며, 사업가로도 성공했다. 「포브스」가 선정한 고등학교를 자퇴한 백만장자 7명 중 한 명이다.

5장. 역경의 기회 :
찬란한 실패를 인생역전의 힘이다

사이먼 코웰 Simon Philip Cowell (1959~)

음반기획자 겸 프로듀서. 고등학교 자퇴 후 잡역부로 일하다
가 연예계 사업을 시작하여 자수성가하였다. 스타 발굴 프로
그램인 〈아메리칸 아이돌〉과 〈브리튼스 갓 탤런트〉의 심사위
원으로 활동하면서 솔직하고 신랄한 비평으로 많은 인기를
얻었다. 「포브스」가 선정한 '고등학교를 자퇴한 백만장자 7명'
중 한 명이다.

존 메이저 John Major (1943~)

영국의 전 총리. 16세 때 가계를 돕기 위해 학업을 중단하였
다. 그 후 몇 년간 은행에서 회계원으로 일하다가 직장을 잃
고 실업수당을 받으며 젊은 시절을 보냈다. 어린 나이에 정계
에 입문하여 정치인으로서의 꿈을 키우며 특유의 겸손함과
성실을 무기로 빠르게 인지도를 쌓았다. 1990년, 마거릿 대처
의 뒤를 이어 영국의 최연소 총리가 되었다.

월트 디즈니 Walt Disney (1901~1966)

미국의 만화영화 제작자. 세계적인 엔터테인먼트 회사인 월트 디즈니사의 창업자. 어려서부터 만화에 관심이 많아 고등학교를 그만두고 예술학교에서 그림을 공부했다. 만화 사업에 뛰어들어 여러 번의 실패 끝에 '미키 마우스' 캐릭터를 개발하여 세계적인 명성을 얻었다. 죽을 때까지 꿈꾸기를 멈추지 않았고, 시대를 앞선 상상력으로 세계 최초의 테마파크 디즈니랜드를 구상하였다.

에반 윌리엄스 Evan Williams (1972~)

세계적인 돌풍을 일으키고 있는 트위터의 공동 창업자. 농부의 아들로 태어나 대학을 자퇴하고 인터넷 관련 일에 매달렸다. 초반에 사업 실패 등으로 어려운 시절을 보냈으나 블로거를 개발하여 구글에 매각하는 데 성공하기도 했다. 이후 사업을 포기할 위기에 처했으나 트위터를 개발하여 재기에 성공했다.

자신이 좋아하는 일에 죽을 만큼 매달린 사람들의 이야기

자퇴선언

펴낸날	초판 1쇄 2010년 7월 20일
	초판 7쇄 2019년 6월 5일

지은이	박은몽
펴낸이	심만수
펴낸곳	(주)살림출판사
출판등록	1989년 11월 1일 제9-210호

주소	경기도 파주시 광인사길 30
전화	031-955-1350　　　팩스 031-624-1356
홈페이지	http://www.sallimbooks.com
이메일	book@sallimbooks.com

ISBN　978-89-522-1474-4　　03320

살림Friends는 (주)살림출판사의 청소년 브랜드입니다.

※ 값은 뒤표지에 있습니다.
※ 잘못 만들어진 책은 구입하신 서점에서 바꾸어 드립니다.